Jiaotong Hangye Biaozhun Huibian

交通行业标准汇编

·公路类计量检定规程卷·

本 社 汇 编

人 民 交 通 出 版 社

内 容 提 要

本书是《交通行业标准汇编》之公路类计量检定规程卷。它收录了2007年底前发布的、目前在用的公路桥梁工程所使用的专用设备与材料方面的交通行业计量检定规程共24种。

本书是公路行业施工设备和实验仪器管理人员和使用者必备的工具书。

图书在版编目(CIP)数据

交通行业标准汇编. 公路类计量检定规程卷/人民交通出版社编. —北京:人民交通出版社,2008. 6

ISBN 978-7-114-07219-2

Ⅰ. 交… Ⅱ. 人… Ⅲ. ①交通工程 - 标准 - 汇编 - 中国 ②道路工程 - 计量 - 检定 - 标准 - 汇编 - 中国 Ⅳ. U - 65 U41 - 65

中国版本图书馆 CIP 数据核字(2008)第083507号

书　　名: 交通行业标准汇编·公路类计量检定规程卷·
著 作 者: 本社汇编
责任编辑: 夏　迎
出版发行: 人民交通出版社
地　　址: (100011)北京市朝阳区安定门外外馆斜街3号
网　　址: http://www.ccpress.com.cn
销售电话: (010) 59757969, 59757973
总 经 销: 北京中交盛世书刊有限公司
经　　销: 各地新华书店
印　　刷: 北京密东印刷有限公司
开　　本: 880×1230　1/16
印　　张: 15.25
字　　数: 480千
版　　次: 2008年8月第1版
印　　次: 2008年8月第1次印刷
书　　号: ISBN 978-7-114-07219-2
印　　数: 0001—2000册
定　　价: 48.00元

目　录

JJG

中华人民共和国交通部部门计量检定规程

JJG（交通）023—2002

沥青延度仪

Bituminous Materials' Determining Ductility

2002-12-24 发布 2003-03-01 实施

中华人民共和国交通部 发布

沥青延度仪检定规程

1 范围

本规程适用于沥青延度仪的首次检定、后续检定和使用中检验。

2 概述

沥青延度仪是用于测定沥青蒸馏或蒸发后残留物延度的专用仪器，它由电机带动拉伸装置移动，使试件拉伸，以判定试件的可延伸度。该仪器由试验浴、拉伸装置、量测装置和试模等部分组成。

3 计量性能要求

3.1 拉伸装置拉伸速度为(1.00±0.05)cm/min 和(5.00±0.25)cm/min。

3.2 拉伸装置在工作时，摆动量不大于0.5mm。

3.3 测量装置分度值不大于5mm，每250mm允许偏差5mm。

3.4 带温控装置的水浴温度为(5±0.5)℃、(15±0.5)℃和(25±0.5)℃，恒温时间应不小于试验时间。

4 通用技术要求

4.1 仪器应有铭牌，内容包括仪器名称、规格、出厂编号、出厂日期、制造厂商。

4.2 仪器拉伸装置工作时应无明显振动，控制装置应工作可靠，试验浴无渗漏现象。

4.3 试模内壁及底板上表面应整洁光滑、无锈蚀。试模应在适当的位置设置编号。

4.4 试模组装后内腔长(75±0.5)mm，内腔最窄处宽(10±0.1)mm。

5 计量器具控制

计量器具控制包括：首次检定、后续检定和使用中检验。

5.1 检定条件

5.1.1 环境条件

检定应在无腐蚀气体的室内进行。

5.1.2 检定用设备

5.1.2.1 钢直尺：量程1m。

5.1.2.2 百分表：量程(0～10mm)，精度0级。

5.1.2.3 钢卷尺：分度值1mm，量程大于3m。

5.1.2.4 测温装置：分度值优于0.15℃，最大允许误差±0.15℃。

5.1.2.5 秒表：分度值0.1s。

5.1.2.6 游标卡尺：量程(0～200)mm。

5.2 检定项目和检定方法

5.2.1 检定项目

检定项目见表1，检定记录表格式见附录A。

表1 检定项目一览表

检定项目	首次检定	后续检定	使用中检验
外观	+	+	+
拉伸速度	+	+	+
拉伸装置摆动量	+	+	−
测量装置允许偏差	+	+	−
水浴温度	+	+	+
试模尺寸	+	+	−
注：1.表中“+”表示必检项目；“−”表示可免检项目，也可根据实际情况和用户要求进行检定； 2.修理后的后续检定原则上按首次检定进行。			

5.2.2 检定方法

5.2.2.1 外观：先用目测，然后在试验浴中加入规定量的水，启动延度仪进行观察。

5.2.2.2 拉伸速度：

a)检定(1±0.05)cm/min时，开动仪器并按动秒表，20min后用钢直尺读得拉伸装置移动距离，换算成速度；

b)检定(5±0.25)cm/min时，开动仪器并按动秒表，4min后用钢直尺读得拉伸装置移动距离，换算成速度。

5.2.2.3 拉伸装置摆动量用百分表检定，将拉伸装置移至中间，两只百分表表头分别沿水平和垂直方向各装在移动部分前进方向一侧，移动拉伸装置5cm，观察百分表表值变动情况，记录其最大值。

5.2.2.4 测量装置允许偏差用钢卷尺检定，自0点起每250mm检定一次，直至全量程。

5.2.2.5 水浴温度待温度稳定，分别测量水浴两端及中间的温度，每10min测一次共测三次。

5.2.2.6 试模尺寸组装后用游标卡尺检定。

5.3 检定结果处理

经检定合格的沥青延度仪发给检定证书，检定证书格式见附录B，检定不合格的沥青延度仪发给检定结果通知书，并注明不合格项目。

5.4 检定周期

检定周期一般不超过1年。

附录 A

检定记录表格式

沥青延度仪检定记录

送检单位＿＿＿＿＿＿＿＿ 记录号＿＿＿＿＿＿ 检定证号＿＿＿＿＿＿

型号格式＿＿＿＿＿＿ 制造厂商＿＿＿＿＿＿＿＿ 出厂编号＿＿＿＿＿＿

出厂日期＿＿＿＿＿＿ 环境温度＿＿＿＿＿＿＿＿ 检定日期＿＿＿＿＿＿

主标准器名称＿＿＿＿＿＿ 编号＿＿＿＿＿＿＿＿ 最大允许误差＿＿＿＿＿＿

<table>
<tr><th>序号</th><th colspan="2">项　目</th><th>技术要求</th><th colspan="2">实测数据</th><th>结　果</th></tr>
<tr><td>1</td><td colspan="2">外　观</td><td></td><td colspan="2"></td><td></td></tr>
<tr><td rowspan="2">2</td><td colspan="2" rowspan="2">拉伸速度</td><td>(1±0.05)cm/min</td><td colspan="2"></td><td></td></tr>
<tr><td>(5±0.25)cm/min</td><td colspan="2"></td><td></td></tr>
<tr><td rowspan="2">3</td><td rowspan="2">拉伸装置
摆 动 量</td><td>水平</td><td>0.5mm</td><td colspan="2"></td><td></td></tr>
<tr><td>垂直</td><td>0.5mm</td><td colspan="2"></td><td></td></tr>
<tr><td rowspan="5">4</td><td colspan="2" rowspan="5">标尺误差</td><td rowspan="5">每 250mm 误差 5mm</td><td></td><td></td><td></td></tr>
<tr><td></td><td></td><td></td></tr>
<tr><td></td><td></td><td></td></tr>
<tr><td></td><td></td><td></td></tr>
<tr><td></td><td></td><td></td></tr>
<tr><td rowspan="3">5</td><td colspan="2" rowspan="3">水浴温度</td><td>(5±0.5)℃</td><td colspan="2"></td><td></td></tr>
<tr><td>(15±0.5)℃</td><td colspan="2"></td><td></td></tr>
<tr><td>(25±0.5)℃</td><td colspan="2"></td><td></td></tr>
<tr><td rowspan="2">6</td><td rowspan="2">试模</td><td>内腔长</td><td>(70±0.5)mm</td><td colspan="2"></td><td></td></tr>
<tr><td>内腔最小宽</td><td>(10±0.1)mm</td><td colspan="2"></td><td></td></tr>
<tr><td colspan="3">备　注</td><td colspan="4"></td></tr>
<tr><td colspan="3">检定结论</td><td colspan="4"></td></tr>
<tr><td colspan="2">检定员</td><td colspan="2"></td><td>核验员</td><td colspan="2"></td></tr>
</table>

附录 B

检定证书背面格式

<table>
<tr><th>项　　目</th><th>技术要求</th><th>实测数据</th></tr>
<tr><td rowspan="2">拉伸速度</td><td>(1±0.05)cm/min</td><td></td></tr>
<tr><td>(5±0.25)cm/min</td><td></td></tr>
<tr><td rowspan="2">拉伸装置摆动量</td><td>水平　0.5mm</td><td></td></tr>
<tr><td>垂直　0.5mm</td><td></td></tr>
<tr><td>标尺误差</td><td>每 250mm 误差 1mm</td><td></td></tr>
<tr><td rowspan="3">控制温度</td><td>(5±0.5)℃</td><td></td></tr>
<tr><td>(15±0.5)℃</td><td></td></tr>
<tr><td>(25±0.5)℃</td><td></td></tr>
<tr><td colspan="3">备注</td></tr>
</table>

中华人民共和国交通部部门计量检定规程

JJG（交通）024—2002

八轮连续式路面平整度测量仪

Eight-wheel Continuous Vialog

2002-12-24 发布　　　　2003-03-01 实施

中华人民共和国交通部　发布

八轮连续式路面平整度测量仪检定规程

1 范围

本规程适用于八轮连续式路面平整度测量仪（以下简称平整度仪）的首次检定、后续检定和使用中检验。

2 引用文献

本规程引用下列文献：

《GB/T 531—1999 橡胶袖珍硬度计压入硬度试验方法》

使用本规程时，应注意使用上述引用文献的现行有效版本。

3 术语

3.1 测量基准长度

平整度仪前、后行走机构中心在水平方向的距离。

3.2 测量轮

安装在平整度仪基准车架中心，与路面接触，随其起伏的轮子。

4 概述

平整度仪由测量轮与路面接触，通过安装于测量轮上的位移传感器和距离传感器，经过处理给出路面平整度标准差，被测路段长度和正负超差数。该仪器由机架（包括测量轮、电源）和控制箱（包括绘图、控制、打印）组成。是测定路表面平整度的专用仪器。

5 计量性能要求

5.1 采样范围：（－20～＋20）mm，静态最大允许误差±0.25mm。

5.2 在同一路段以规定的速度在相同路线上重复测试（行驶），其标准差的最大值与最小值之差不大于0.2mm。

5.3 检测时实际测试距离与标定距离的相对误差不大于±1%。

6 通用技术条件

6.1 仪器应有铭牌，内容包括仪器名称、规格、出厂编号、出厂日期和制造厂商。

6.2 转向机构应操作灵活，工作可靠，行走时转向轮与测量轮不应有轴向串动。

6.3 减震装置应工作良好。伸缩和折合机构应工作灵活。

6.4 绘图机构和微机控制器各部分应性能良好，记录清晰。

6.5 测量基准长度（3000±30）mm。

6.6 测量轮外径（160±1）mm

6.7 测量轮（橡胶）表面硬度 HA（55～70）。

7 计量器具控制

计量器具控制包括：首次检定、后续检定和使用中检验。

7.1　检定条件

7.1.1　环境条件

平整度仪根据检定项目应分别在平整的空场地（或室内）和三级公路的中级路面进行，空气环境温度（0～40）℃。

7.1.2　检定用设备

7.1.2.1　专用金属量块：（1.00～20.00）mm，技术要求见附录 A。

7.1.2.2　钢卷尺：量程大于 20m，准确度等级二级。

7.1.2.3　钢卷尺：量程大于 5m，准确度等级二级。

7.1.2.4　游标卡尺：量程（0～200）mm。

7.1.2.5　橡胶硬度计：量程 HA（0～100），准确度：±2.0%。

7.1.2.6　牵引车。

7.2　检定项目和检定方法

7.2.1　检定项目

检定项目见表 1，检定记录表格式见附录 B。

表 1　检定项目一览表

检定项目	首次检定	后续检定	使用中检验
外观	+	+	+
转向、行车机构	+	+	+
减震、伸缩、折合机构	+	+	+
绘图和微机控制器	+	+	+
测量基准长度	+	+	—
采样范围和最大允许误差	+	+	—
测量重复性和测量距离误差	+	—	—
测量轮直径	+	+	—
测量轮（橡胶）硬度	+	+	—

注：1.表中“+”表示必检项目：“-”表示可免检项目，也可根据实际情况和用户要求进行检定；
2.修理后的后续检定原则上按首次检定进行。

7.2.2　检定方法

7.2.2.1　转向行走机构分别用人力推动和牵引车牵动数次进行观察，其余外观项目用手动和目力观察。

7.2.2.2　测量基准长度用量程大于 5m 的钢卷尺检定。

7.2.2.3　采样范围和最大允许误差的检定，将仪器静置于水泥平台上，放下测量轮，置微机于工作状态，依次将各档量块垫在测量轮下面，各档采样次数为三次，取平均值为测量结果。

7.2.2.4 测量重复性和测量距离误差的检定：

a)用钢卷尺和粉笔在三级公路的中级路面上画一条100m长的直线，标上起、讫点；

b)由人力牵引仪器至测量起点，使测量轮对准直线方向并压在起点上，将处于工作状态的平整度仪用人力牵引前进，保持测量轮在直线上行走，当接近讫点时速度减慢，用钢卷尺测量仪器实际移动距离，记录标准差。重复进行六次；

c)牵引车牵引仪器以12km/h的速度在直线上重复进行三次，记录均方差值；

d)实际测试距离与标定距离相对误差和标准差最大值与最小值之差按下式计算：

$$\delta = \sigma_{max} - \sigma_{min} \tag{1}$$

$$\Psi = \frac{\Sigma S - NS_o}{nS_o} \times 100\% \tag{2}$$

式中：δ——标准差的最大值与最小值之差，m；

Ψ——实际测试距离与标定距离相对误差，%；

σ_{max}——人力或牵引车牵引检测所得标准差的最大值，mm；

σ_{min}——人力或牵引车牵引检测所得标准差的最小值，mm；

n——人力牵引检测总数；

S——人力牵引时仪器每次实际测试距离，m；

S_o——直线距离，m。

7.2.2.5 测量轮直径用游标卡尺沿垂直方向各测一次，取平均值为测量结果。

7.2.2.6 测量轮(橡胶)表面硬度按GB/T 531—1999中邵尔A型硬度计方法测量。

7.3 检定结果处理

经检定合格的平整度仪发给检定证书，检定证书格式见附录C，检定不合格的平整度仪发给检定结果通知书，并注明不合格项目。

7.4 检定周期

检定周期一般不超过1年。

附录 A

专用金属量块的技术要求

A.1 量块形状为矩形横截面的长方体形，示意图见图 A.1。

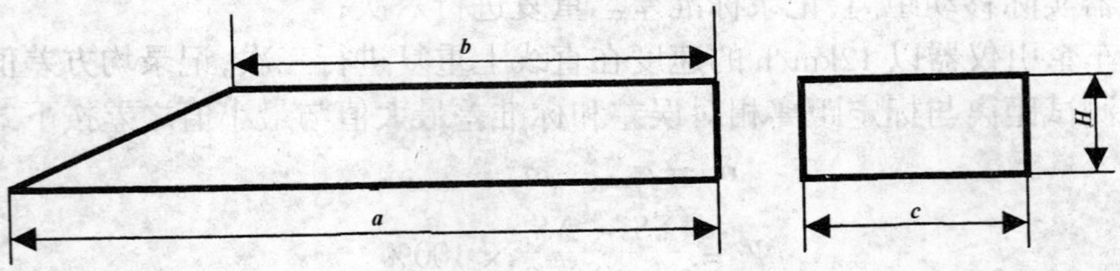

图 A.1 量块示意图

A.2 量块各部分尺寸及公差列于表 A.1。

表 A.1 量块各部分尺寸及公差

标称高度（两测量面间尺寸）mm		长 mm		宽 mm	棱角倒角	数量 块
H	公 差	总长（*a*）	工作面长（*b*）	C		
1.0						2
1.5						1
5.0	±0.01	150	100	50	0.5×0.5	1
10.0						1
20.0						1

A.3 量块工作面平面度 0.01mm。

A.4 量块工作面表面粗糙度 *Ra*1.6μm。

A.5 量块工作面表面硬度不小于 *HRC*60。

A.6 量块棱边倒角与工作面应光滑过渡。

A.7 每个量块应在非工作面印有标称长度和编号。

A.8 量块工作面不应有划痕、碰伤和锈蚀等缺陷。

A.9 量块材料为钢质。

A.10 量块使用中应在周期不少于一年对量块长度、工作面表面粗糙度和外观进行周期准或检验。

附录 B

检定记录表格式

八轮连续式路面平整度测量仪检定记录

送检单位________________ 记录号________ 检定证号________

型号规格________ 制造厂商________________ 出厂编号________

出厂日期________ 环境温度________ 检定日期________

主标准器名称________ 编号________ 最大允许误差________

序号	项　　目	单位	技术要求	实测数据	结果
1	外　　观				
2	转向机构		工作正常		
3	减震和伸缩机构		工作正常		
4	绘图和控制机构		工作正常		
5	测量基准长度	mm	3000 ± 30		
6	测量轮外径	mm	160 ± 1		
7	测量轮（橡胶）表面硬度	HA	55 – 70		
8	采样范围	mm	– 20 ~ + 20		
	最大允许误差	mm	± 0.25		
9	测量重复性误差	mm	0.2		
	测量距离误差	%	± 1		
备注					
检定结论					
核　验			检　定		

附录 C

检定证书背面格式

<table>
<tr><td colspan="6">主要项目检定结果</td></tr>
<tr><td>序号</td><td>项　目</td><td>单位</td><td>技术要求</td><td>实 测 数 据</td><td>结果</td></tr>
<tr><td rowspan="2">1</td><td>采样范围</td><td>mm</td><td>－20～＋20</td><td></td><td></td></tr>
<tr><td>最大允许误差</td><td>mm</td><td>±0.25</td><td></td><td></td></tr>
<tr><td rowspan="2">2</td><td>测量重复性误差</td><td>mm</td><td>0.2</td><td></td><td></td></tr>
<tr><td>测量距离误差</td><td>%</td><td>±1</td><td></td><td></td></tr>
<tr><td colspan="6">备注</td></tr>
</table>

JJG

中华人民共和国交通部部门计量检定规程

JJG（交通）025—2002

贝克曼梁路面弯沉仪

Benkelman Beam Pavement Deflectometer

2002-12-24 发布　　2003-03-01 实施

中华人民共和国交通部 发布

贝克曼梁路面弯沉仪检定规程

1 范围

本规程适用于贝克曼梁路面弯沉仪的首次检定、后续检定和使用中检验。

2 引用文献

本规程引用下列文献：

《JJG 34—1996 指示表（百分表和千分表）检定规程》

使用本规程时，应注意使用上述引用文献的现行有效版本。

3 概述

贝克曼梁路面弯沉仪是测量路面结构承载能力的专用仪器，用于测量汽车荷载作用下的弯沉。该仪器由探测梁、测头、指示表、支座等组成。

4 计量性能要求

4.1 弯沉指示器测量范围 0 ~ 10mm，最大允许误差 ±0.01mm。

4.2 探测梁前后臂杠杆比 2:1，比值误差不大于 0.002。

5 通用技术要求

5.1 仪器应有铭牌，内容包括仪器名称、规格、出厂编号、出厂日期和制造厂商。

5.2 测头长度分别为（50 ± 0.5）mm、（100 ± 1.0）mm、（150 ± 1.5）mm、（200 ± 2.0）mm，宽度为（15 ± 0.5）mm，厚度（10 ± 0.5）mm，底部为凸形弧面。

5.3 有效长度见表 1。

表 1 有效长度　　单位：mm

总有效长度	前梁（接触路面）有效长度	后梁（装测量表）有效长度
3600	2400	1200
5400	3600	1800

5.4 悬臂梁测头处或指示表处加载 2N 时挠度不大于 0.1mm。

5.5 支座和指示表架调节螺栓应无锈蚀。

5.6 水平泡应无破裂，左右移动灵敏。

6 计量器具控制

计量器具控制包括：首次检定、后续检定和使用中检验。

6.1 检定条件

6.1.1 环境条件

检定应在无腐蚀气体的室内进行，检定环境温度（20 ± 2）℃。

6.1.2　检定用设备

6.1.2.1　千分表：0 级，量程 3mm。

6.1.2.2　百分表检定仪。

6.1.2.3　量块：四等，5mm 和 10mm 各一块。

6.1.2.4　游标卡尺：分度值 0.02mm，量程(0～200)mm。

6.1.2.5　砝码：(2±0.01)N。

6.1.2.6　专用升降支架：手动时能保证平台均匀上升或下降。

6.2　检定项目和检定方法

6.2.1　检定项目

检定项目见表 2，检定记录表格式见附录 A。

表 2　检定项目一览表

检定项目	首次检定	后续检定	使用中检验
外观	+	+	+
测量最大允许误差	+	+	–
指示表精度等级	+	+	+
测头尺寸	+	+	–
杠杆比及误差	+	+	–
挠度	+	+	–

注：1.表中“+”表示必检项目；“–”表示可免检项目，也可根据实际情况和用户要求进行检定。

2.修理后的后续检定原则上按首次检定进行。

6.2.2　检定方法

6.2.2.1　外观用目测。

6.2.2.2　测量最大允许误差和杠杆比值误差检定：

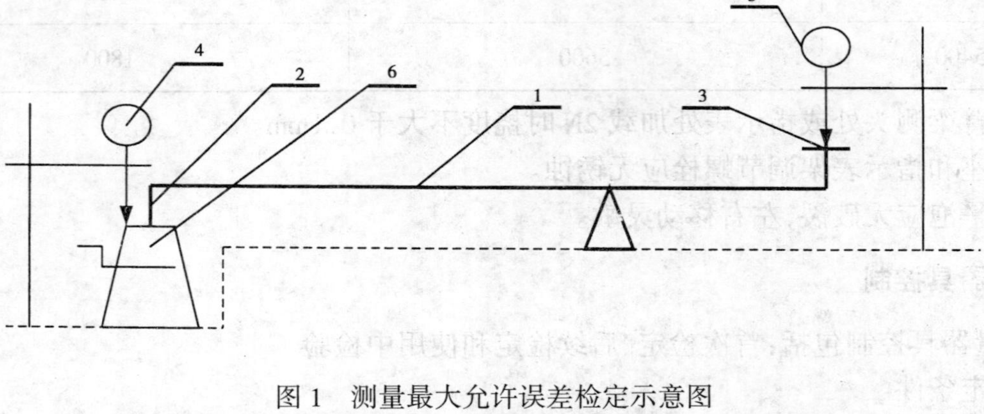

图 1　测量最大允许误差检定示意图

1-梁；2-测头端；3-指示表端；4、5-千分表及表架；6-专用升降支架

a)仪器按图 1 放置，调正水平使用水泡居中；

b）两端千分表调零，使专用升降支架平台均匀升降至测头千分表读数依次为 0.1mm、0.3mm、0.5mm、1mm、2mm、3mm，分别依次记录指示表端千分表读数，进行三次取平均值；

c）测量最大允许误差按下式计算：

$$\Delta L = \frac{1}{6}\sum_{i=1}^{1} |\Delta l_i|$$

式中：ΔL——测量最大允许误差，mm；

Δl_i——两端千分表读数差，$\Delta l_i = l_i - 2l_{0i}$，mm；

l_i——测头端千分表读数，$l_1 = 0.1$mm、$l_2 = 0.3$mm、$l_3 = 0.5$mm、$l_4 = 1$mm、$l_5 = 2$mm、$l_6 = 3$mm；

l_{0i}——指示表端千分表读数的分别平均值，mm。

d）将 10mm 量块垫于测头下，5mm 量块放在指示表端调节螺栓顶面，装上经检定后的指示表，调整为零。取下量块记录指示表读数，其差值应不大于 0.01mm。

6.2.2.3　指示表检定，即百分表的检定，按照 JJG 34—1996 执行。

6.2.2.4　测头尺寸用游标卡尺检定，各测两次取平均值。

6.2.2.5　挠度检定：

a）前梁：将测头端悬空，千分表置于测头端梁的上面，表调零，然后将砝码悬挂于测点处，记录千分表的读数；

b）后梁：将指示表端悬空，千分表置于指示表端梁的上面，表调零，然后将砝码悬挂于指示表处，记录千分表的读数。

6.3　检定结果处理

经检定合格的贝克曼梁路面弯沉仪发给检定证书，检定证书的格式见附录 B，检定不合格的贝克曼梁路面弯沉仪发给检定结果通知书，并注明不合格项目。

6.4　检定周期

检定周期一般不超过 1 年。

附录 A

检定记录表格式

贝克曼梁路面弯沉仪检定记录

送检单位__________ 记录号________ 检定证号________

型号规格________ 制造厂商________ 出厂编号________

出厂日期________ 环境温度________ 检定日期________

主标准器名称________ 编号________ 最大允许误差________

<table>
<tr><th>序号</th><th colspan="2">项 目</th><th>单位</th><th>技术要求</th><th colspan="6">实测数据</th><th>结果</th></tr>
<tr><td>1</td><td colspan="2">外 观</td><td></td><td></td><td colspan="6"></td><td></td></tr>
<tr><td rowspan="3">2</td><td rowspan="3">测量最大允许误差</td><td>前梁端千分表值</td><td rowspan="3">mm</td><td rowspan="3">0.01</td><td>0.1</td><td>0.3</td><td>0.5</td><td>1</td><td>2</td><td>3</td><td rowspan="3"></td></tr>
<tr><td>后梁端千分表值</td><td></td><td></td><td></td><td></td><td></td><td></td></tr>
<tr><td>Δl_i</td><td></td><td></td><td></td><td></td><td></td><td></td></tr>
<tr><td>3</td><td colspan="2">杠杆比值误差</td><td></td><td>2:1，≤0.002</td><td colspan="6"></td><td></td></tr>
<tr><td>4</td><td colspan="2">指示表精度等级</td><td></td><td>1级</td><td colspan="6"></td><td></td></tr>
<tr><td rowspan="6">5</td><td rowspan="6">测头尺寸</td><td rowspan="4">长</td><td rowspan="6">mm</td><td>50±0.5</td><td colspan="6"></td><td></td></tr>
<tr><td>100±1.0</td><td colspan="6"></td><td></td></tr>
<tr><td>150±1.5</td><td colspan="6"></td><td></td></tr>
<tr><td>200±2.0</td><td colspan="6"></td><td></td></tr>
<tr><td>宽</td><td>15±0.5</td><td colspan="6"></td><td></td></tr>
<tr><td>厚</td><td>10±0.5</td><td colspan="6"></td><td></td></tr>
<tr><td rowspan="2">6</td><td rowspan="2">挠度</td><td>前梁</td><td>mm</td><td>≤0.1</td><td colspan="6"></td><td></td></tr>
<tr><td>后梁</td><td>mm</td><td>≤0.1</td><td colspan="6"></td><td></td></tr>
<tr><td>备注</td><td colspan="11"></td></tr>
<tr><td>检定结论</td><td colspan="11"></td></tr>
<tr><td>检定员</td><td colspan="4"></td><td>核验员</td><td colspan="6"></td></tr>
</table>

附录 B

检定证书背面格式

<table>
<tr><td colspan="3">主要项目检定数据</td></tr>
<tr><td>检 定 项 目</td><td>技 术 要 求</td><td>实 测 值</td></tr>
<tr><td>测量最大允许误差</td><td>0.01mm</td><td></td></tr>
<tr><td colspan="3">备注</td></tr>
</table>

JJG

中华人民共和国交通部部门计量检定规程

JJG（交通）048—2004

水泥电动抗折试验机

Electrically Driven Cement Flexure Testing Machine

2004-11-02 发布　　　　2005-02-01 实施

中华人民共和国交通部 发布

JJG

中华人民共和国交通部部门计量检定规程

JJG(交通) 048—2004

水泥电动抗折试验机

Electrically Driven Cement Flexure Testing Machine

2004-11-02 发布　　2005-02-01 实施

中华人民共和国交通部 发布

水泥电动抗折试验机检定规程

1 范围

本规程适用于水泥电动抗折试验机（以下简称抗折机）的首次检定、后续检定和使用中检验。

2 引用文献

本规程引用下列文献：

《GB/T 17691—1999　水泥胶砂强度检验方法（ISO 法）（idt ISO 697:1987）》

《JTJ 053—93（T05503—94）　水泥胶砂强度检验方法》

《JC/T 724—1996　水泥物理仪器　水泥电动抗折试验机》

使用本规程时应注意使用上述引用文献的现行有效版本。

3 术语

3.1 水泥胶砂强度 cements determination of strength

表示水泥力学性能的一种量度。按水泥强度检验标准规定所配制的水泥胶砂试件，经一定龄期标准养护后，所测得的强度，一般分为抗压强度和抗折强度。

4 概述

水泥电动抗折试验机适用于按 GB/T 17691 规定的方法测定水泥胶砂棱柱型（40mm × 40mm × 160mm）试样的抗折强度。

抗折机为双臂杠杆式的，由游铊和两组杠杆组成的测力部分和由单根加荷臂和两根平行的支撑臂组成的夹具组成（见图 1、图 2）。

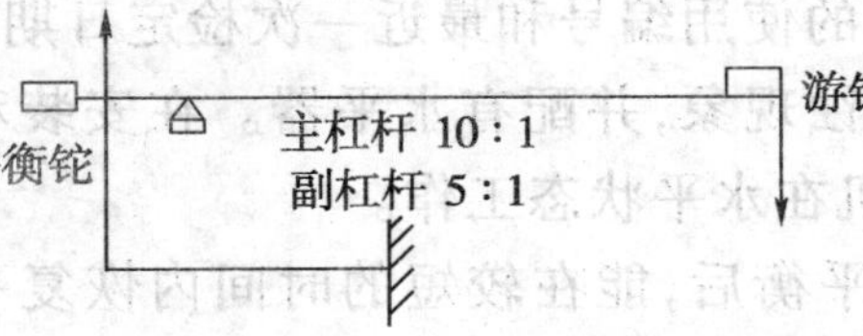

图 1　杠杆传递示意图

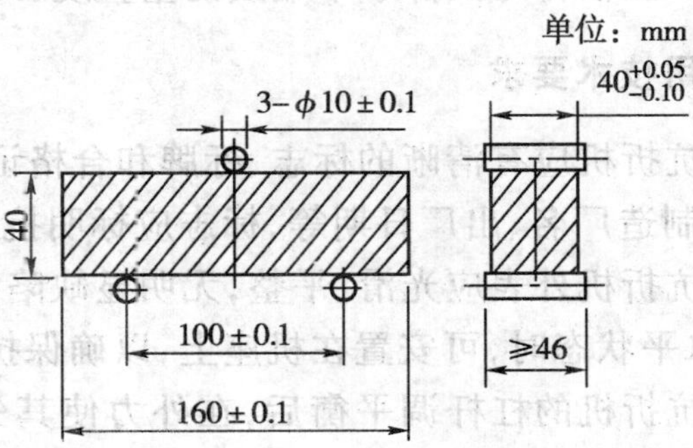

图 2　夹具工作示意图

游铊产生的剪切力通过两组杠杆放大 50 倍后，通过夹具的加荷臂作用在由两根支撑臂托着的试件上，形成剪切力。随着游铊均匀地移动，作用于试件上的剪切力逐步增加，在试件折断的瞬间，取抗折仪指示的值，即为水泥胶砂的抗折强度。作用力与抗折强度的转换按公式（1）。

$$R_f = 1.5F_f \times L/b^3 \tag{1}$$

式中：R_f——抗折强度（MPa）；

F_f——折断时相应的荷载力(N)；

L——两支撑臂之间的距离(100 ± 0.1)mm；

b——棱柱体正方形试件的截面边长(40 ± 0.1)mm。

5 计量性能要求

5.1 灵敏度

在杠杆的端点附近加1g砝码后，端点应有下降现象，下降距离与支点至加载点的距离之比小于1%。

5.2 相对示值允许误差

新机：不大于1%；

使用中：不大于2%。

5.3 相对示值允许变动度

相对示值允许变动度为1%。

5.4 加荷速度和抗折强度

加荷速度为(50 ± 5)N/s；转为抗折强度为(0.117 ± 0.0117)MPa/s。

5.5 夹具

5.5.1 加荷臂偏心度：小于5mm。

5.5.2 二根支撑臂中心距离

新机：(100 ± 0.1)mm；

使用中：(100 ± 0.2)mm。

5.5.3 三根臂的平行度

水平方向：0.05mm；

垂直方向：0.05mm。

5.5.4 三根臂与试件水平端线的垂直度：$90° \pm 1°$。

6 通用技术要求

6.1 抗折机应有清晰的标志、标牌和合格证书。标牌上应标明抗折机的名称、型号、出厂编号、制造厂名、出厂日期等，标志应标明抗折机的使用编号和最近一次检定日期等。

6.2 抗折机外表应光滑、平整，无明显缺陷和锈蚀现象，并配有水平器。在安装和调整抗折机水平状态时，可安置在机座上，以确保抗折机在水平状态工作。

6.3 抗折机的杠杆调平衡后，在外力使其失去平衡后，能在较短的时间内恢复平衡。在加荷过程中应平稳、均匀，无冲击抖动现象。杠杆抬起和下落时，游铊不产生位移。

6.4 夹具的加荷臂和支撑臂应转动灵活，不晃动。

7 计量器具控制

7.1 检定条件

7.1.1 环境条件

a) 环境温度：(20 ± 5)℃；

b) 湿度：不大于80%；

c） 环境中应无振动、冲击等影响检定准确度的现象。

7.1.2 检定月计量标准及配套设备

a） 四等砝码 1 块 :1g

b） 三等标准测量仪及反向测力架一套:

测量范围 0 ~ 10kN;

最大示值误差 0.3%。

c） 秒表:

测量范围大于 15 min;

分度值 0.01s。

d） 游标卡尺:

测量范围 0 ~ 200mm;

分度值 0.02mm。

e） 专用标准金属一块(采用优质钢材),规格为 40mm × 40mm × 160mm:

其中,长:(160 ± 0.8)mm;

宽:(40 ± 0.05)mm;

高:(40 ± 0.05)mm。

f） 塞尺:

测量范围 0.02mm ~ 1.00mm;

分度值 0.02mm。

g） 万能角度尺:

测量范围 0° ~ 90°;

分度值 6°。

7.2 检定项目和检定方法

7.2.1 检定项目

抗折机的检定项目见表 1,检定记录格式见附录 A。

表 1 检定项目一览表

检定项目	首次检定	后续检定	使用中检验
通用技术要求	+	+	+
灵敏度	+	+	+
相对示值允许误差	+	+	+
相对示值允许变动度	+	+	+
加荷速度	+	+	+
加荷臂偏心度	+	+	−
二根支撑臂中心距离	+	+	−
三根臂的平行度	+	+	−
支撑臂与试件端线垂直度	+	+	−
注:“+”表示检定(或检验);“−”表示不需要检定(或检验)。			

7.2.2　检定方法

7.2.2.1　通用技术要求

采用目测检查，应符合6.1的规定。

采用抗折机附带的水平器对仪器进行水平调整以及检查，应符合6.2的规定。

将抗折机的杠杆调平衡后，用手破坏其平衡，仪器应能在较短时间内恢复平衡。然后使仪器加荷，应符合6.3的规定。

用手检查夹具的三根臂，应符合6.4的规定。

7.2.2.2　灵敏度

从抗折机上卸下夹具，断开电源，将游铊置于零位后，调平衡铊使杠杆处于平衡状态，指针对准定位尺的零点。10s之后，在杠杆的端点附近1mm～2mm处放置1g砝码。杠杆失去平衡后，指针下降，当指针在一位置不再摆动后，记录指针下降距离S，灵敏度按公式(2)计算。

$$A = \frac{S_1}{S} \times 100\% \tag{2}$$

式中：A——抗折机的灵敏度（%）；

S——杠杆支点到放置砝码点的距离（mm）；

S_1——杠杆下降的距离（mm）。

A应符合5.1的要求。

7.2.2.3　相对示值允许误差的检定程序

从抗折机上卸下夹具，装上反向测力架和标准测力仪。按抗折机的使用说明书规定使抗折机处于正常工作状态。

调整杠杆水平平衡，使游铊处于零点，同时也使标准测力仪处于零负荷状态。

从抗折机的最大测量范围的20%开始，选择40%，60%，80%，100%共五个检测点，测量程序如下：

在每个测量点上读出所对应的标准测力仪上的示值（为力值），顺序上升，直至100%检测点。五个点检测之后，返回到零点，然后再按上述过程测五个点。共测三次，每个检测点获得三个记录值。

按公式(3)计算相对示值允许误差：

$$Q = \left| (K_i - \overline{K}_i) / \overline{K}_i \right| \times 100\% \tag{3}$$

式中：Q——相对示值允许误差（%）；

i——检测点数，$i = 1,2,3,4,5$；

$\overline{K}_i$——第i个检测点标准测力仪三次进程读数的平均值（kN）；

K_i——第i个检测点抗折机示值装置的读数值。

Q应符合5.2的要求。

7.2.2.4　相对示值允许变动度

根据7.2.2.3的测量获得的数据，相对示值变动度B按公式(4)计算。

$$B = \left| (k_{imax} - k_{imin}) / \bar{k}_i \right| \times 100\% \tag{4}$$

式中：B——抗折机的相对示值变动度；

k_i——第 i 个检测点三次进程检测时，标准测力仪上三次读数的平均值(kN)；

k_{imax}——第 i 个检测点三次进程检测时，标准测力仪上三次读数的最大值(kN)；

k_{imin}——第 i 个检测点三次进程检测时，标准测力仪上三次读数的最小值(kN)；

i——检测点数，$i=1,2,3,4,5$。

五个检测点的 B 值均应符合 5.3 的要求。

7.2.2.5 加荷速度

按抗折机使用说明书的规定，使仪器处于正常的工作状态：即将游铊置于零点，将杠杆调至水平状态。然后调节平衡铊，使杠杆稍稍抬起，仰起一个角度。

在标尺上任取三个大于最大测量范围 20% 的示值点进行检定，步骤如下：

在启动抗折机的同时启动秒表，当游铊达到预先确定的示值点时，同时停止秒表工作。按此程序分别测得示值为 R_1,R_2,R_3 时游铊运行的时间 t_1,t_2,t_3。

加荷速度按公式(5)计算。

$$V=\frac{1}{3}\left(\frac{R_1}{t_1}+\frac{R_2}{t_2}+\frac{R_3}{t_3}\right) \tag{5}$$

式中：V——加荷速度；

R_1、R_2、R_3——分别是三次测量时的力的示值，均大于最大测量范围的 20%；

t_1、t_2、t_3——分别是三次测量时达到 R_1、R_2、R_3 的时间。

V 应为 (50 ± 5)N/s 或为 (0.117 ± 0.0117)MPa/s。

7.2.2.6 夹具

a) 加荷臂的偏心度检定方法

将专用标准金属块放入夹具中，轻轻加荷，使三根臂与金属块完全接触后，用游标卡尺测量图 3 中的 OA，OC，DB，O′A′，O′C′，D′B′。

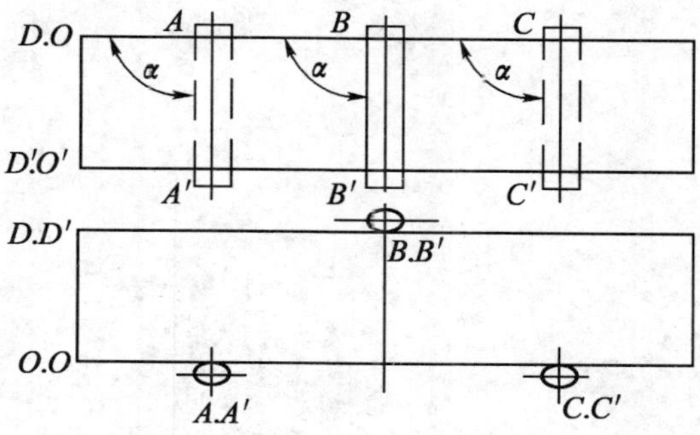

图 3 三根臂位置示意图

加荷臂的偏心度 H 按公式(6)计算：

$$H=\{(OC+O'C')/2-(DB+D'B')/2\}-\{(DB+D'B')/2-(OA+O'A')/2\} \tag{6}$$

H 应在 -5mm ~ $+5$mm 之间。

两根支撑臂的中心距 L 按公式(7)计算：

$$L=(OC+O'C')/2-(OA+O'A')/2 \tag{7}$$

L 的值应为：(100 ± 0.1)mm(新机)或：(100 ± 0.2)mm(使用中)。

三根臂的水平方向平行度检定方法：以 $|OA-O'A'|$、$|OC-O'C'|$、$|DB-D'B'|$

差值最大的计算，应不大于 0.05mm。

b）　三根臂的垂直方向平行度检定方法

调整游铊，使抗折机不受荷载力，用塞尺检查三根臂与专用金属块表面的空隙，最大空隙即为垂直方向的平衡度，应不大于 0.05mm。

c）　三根臂与试件水平端线的垂直度的检定方法

采用万能角度尺测量三根臂与标准专用金属块水平端线的夹角 α，最小角度应大于 $90° \pm 1°$。

7.3　检定结果的处理和检定周期

7.3.1　经检定合格的抗折机出具检定证书，不合格的出具检定结果通知书，并注明不合格项目。检定书背面格式见附录 B。当仅仅是夹具检定不合格时，可以单独给抗折机主机出具证书，另选择检定合格的夹具配套。

7.3.2　抗折机的检定周期一般为一年，但在使用过程中对检测结果产生怀疑时，可以进行相应项目的使用中检验，若检验不合格，应提前进行检定。

附录 A

检定记录格式

表 A.1　水泥电动抗折试验机检定记录

受检单位		型　号		生产厂名	
出厂编号		出厂日期		使用编号	
检定时温度：	湿度：		上次检定时间：		

序号	检定项目	检定记录	结果
1	外观		
2	调水平		
3	游铊运动平衡		
4	夹具加荷支撑臂状态		
5	灵敏度，≥1%		
6	相对示值允差 ≤±1%（新机）或 ≤±2%（使用中）		
7	相对示值允许变动度，1%		
8	加荷速度，(50±5)N/s		
9	加荷臂偏心度，<10mm		
10	二根臂中心度 (100±0.1)mm（新机） (100±0.2)mm（使用中）		
11	三根臂平行度 水平方向　0.05mm 垂直方向　0.08mm		
12	三根臂与试件水平端线垂直度 90°±1°		

检定员：　　　　核验员：　　　　检定时间：　　　　检定地点：

附录 B

检定证书背面格式

表 B.1 主要项目检定结果

检 测 项 目	技 术 要 求	实 测 值
灵敏度	< 1%	
加荷速度	(50 ± 5)N/s	
相对示值允差	≤1%(新机),≤2%(使用中)	
相对示值变动度	≤1%	
夹具特性指标		合格/不合格
备注（对夹具具体的特性描述）		

技术主管：　　　　核验员：　　　　检定员：

JJG

中华人民共和国交通部部门计量检定规程

JJG(交通) 049—2004

水泥标准筛(80μm)

Standard testing sieve for cement fineness(80μm)

2004-11-02 发布　　　　2005-02-01 实施

中华人民共和国交通部 发布

水泥标准筛（80μm）检定规程

1 范围

本规程适用于水泥标准筛（80μm）（以下简称筛子）的首次检定、后续检定和使用中检验。

2 引用文献

本规程引用下列文献：

《GB/T 1345—1991 水泥细度检测方法（80μm 筛筛析法）》

《GB/T 6003.1—1997 金属丝编织网试验筛（eqv ISO 3310—1:1990）》

《GSB 14-1511—2002 水泥细度标准样品》

《JC/T 728—1996 水泥物理检测仪器 水泥标准筛》

《JTJ 053—94（T0501—94） 水泥细度检验方法（80μm 筛筛析法）》

使用本规程时应注意使用上述引用文献的现行有效版本。

3 术语

3.1 80μm 试验筛 80μm testing sieve

根据 GB/T 6003.1—1997 的规定，80μm 试验筛属于 R20 系列中，网孔基本尺寸 W = 80mm 的金属丝编制方孔筛，编号为 SSW0.080/0.056。

3.2 80μm 水泥标准筛 80μm Standard testing sieve for cement fineness

计量校准中采用的计量标准器具，采用 GB/T 6003.1—1997 规定的 SSW0.080/0.056 试验筛。用于校准 80μm 试验筛，它是本规程的检定对象。

3.3 80μm 水泥试验筛 80μm Testing sieve for cement fineness

是 80μm 水泥标准筛的校准对象，一般也采用 SSW0.080/0.056 筛，但它是直接用于检验水泥材料细度的工作计量器具。

4 概述

在采用 80μm 筛筛析法进行水泥细度检验时，一般采用三种方式：①采用负压筛析仪方式；②采用水筛方式；③采用干筛方式。在试验中，试验筛只是整个试验装置的一个部分，本规程简称为“筛子”。例如：负压筛析仪由筛座、筛子、负压源、吸尘器等组成；水筛由筛座、座框、筛子、双嘴漏斗、旋转轴、水轮叶片、支座玻璃板等组成。本规程只检定“筛子”（对水泥标准筛）或校准“筛子”（对水泥试验筛）。

附录 A 提供了采用水泥标准筛（80μm）校准水泥试验筛（80μm）的方法。

5 计量性能要求

5.1 筛框

根据负压筛、水筛和干筛的组装规定，筛子的框应分别如图 1 所示：

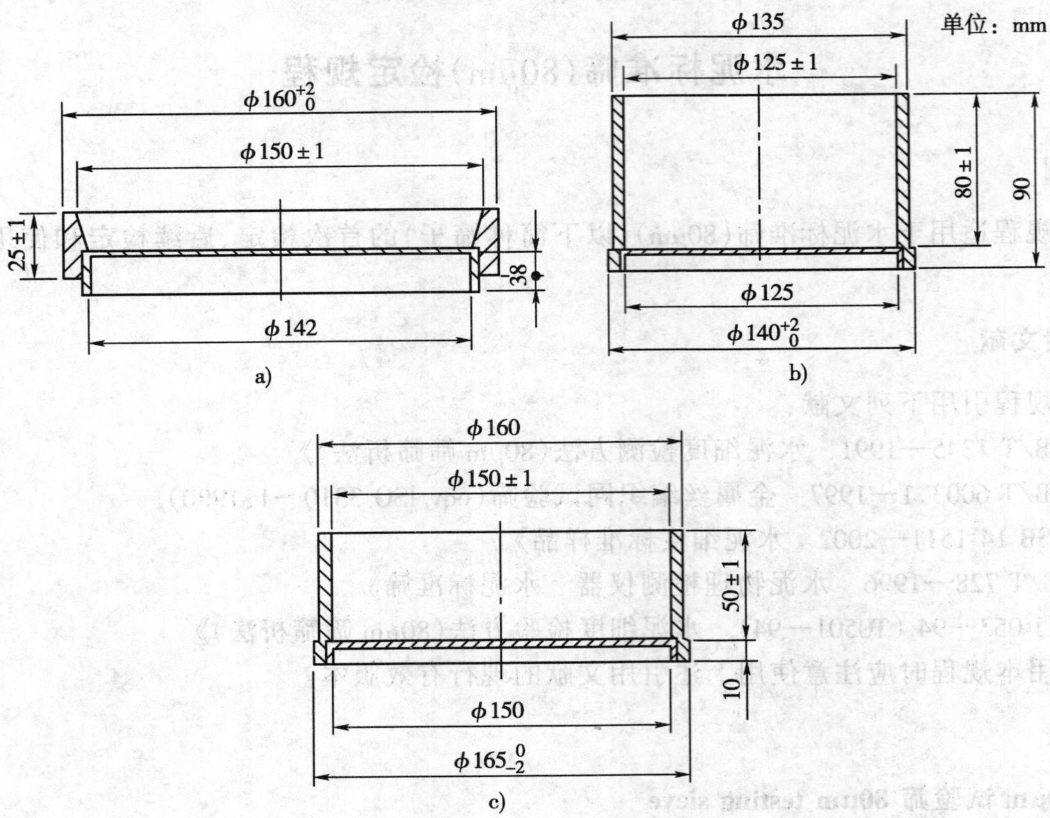

图 1　不同筛框的尺寸示意图

a)负压筛用筛子；b)水筛用筛子；c)干筛用筛子

5.2　筛网

筛网为方孔，由金属丝编织。标准尺寸为 80μm×80μm 的正方形。网孔的边长应符合如下规定：

——所有网孔边长均应不大于 110μm；

——网孔边长在 97μm～110μm 的网孔数应小于 6%；

——网孔平均边长应为 75μm～85μm；

——金属丝的基本尺寸为直径 ϕ(56±3)μm。

6　通用技术要求

6.1　筛子应有标志、标牌，应标明型号为 SSW0.080/0.056 及检定(校准)合格标志。

6.2　筛框应光滑，无明显脱焊和腐蚀现象。筛网应紧绷，不允许有皱纹、松弛、断丝、方孔变形等现象。

7　计量器具控制

7.1　检定条件

7.1.1　在室温条件下进行，周围应无腐蚀性气体和冲击震动现象。

7.1.2　检定用计量标准和附属设备包括：

a)　钢板尺

测量范围：0～300mm；

分度值：0.5mm。

b） 测量投影仪

放大倍数：20 倍 ~ 100 倍；

分度值：0.001mm。

7.2 检定项目和检定方法

7.2.1 检定项目

检定项目见表 1，检定记录格式见附录 B。

表 1 检定项目一览表

检定项目	首次检定	后续检定	使用中检验
外观	+	+	−
筛框尺寸	+	+	−
筛孔尺寸	+	+	−

注："+"表示检定（或检验）；"−"表示不需要检定（或检验）。

7.2.2 检定方法

7.2.2.1 通用技术要求

通用技术要求采用感官方法进行检查：

a） 采用目测检查，应符合 6.1 的规定；

b） 采用手感和投影仪测量检查，应符合 6.2 的规定。

7.2.2.2 筛框

采用 300mm 的钢直尺测量筛框（带筛网）的外型尺寸，测直径时，每旋转约 60°测一次，共测三次。测高度时同样每旋转约 60°测一次，共测三次；均取平均值为检测结果，应符合 5.1 的规定。

7.2.2.3 筛网

检定程序为：

a） 筛孔最大偏差

将筛子放在投影仪测量工作平台上，按投影仪测量的使用说明书的要求，使投影仪处于放大 50 倍的工作条件下。在筛子上、下、左、右、中取 5 个区域（应分布在不同的经纬线内），每个区域为 5mm × 5mm，在每个区域中任选 2 ~ 3 个最大的框孔作为测量对象，应均小于 110μm；

b） 筛孔边长为 97μm ~ 110μm 孔数的检定

继续上述程序，在上、下、左、右、中选择 1.5mm × 1.5mm 区域，每个区域约覆盖 10 × 10 = 100 个方孔，在每个区域中挑选七个最大的孔，其中最小一个孔的边长应小于 97μm。在五个区域分别执行同样的程序，达到以下两个条件之一者均为合格：

——每个区域的 97μm ~ 110μm 方孔均小于 6%；

——五个区域的 97μm ~ 110μm 方孔平均值小于 6%；

c） 网孔平均边长的检定

继续上述程序，任选一个约5mm的长度 L，记录该长度 L 内的网孔数目 n，网孔的平均尺寸按公式(1)计算：

$$\overline{W} = \frac{L}{n} - \overline{d} \tag{1}$$

式中：$\overline{W}$——网孔的平均尺寸(m)；

L——检定的长度，约5mm；

n——在长度 L 内的网孔数目；

$\overline{d}$——金属丝的平均直径(m)。

平均边长应为75μm～85μm。

d） 金属丝直径的检定

继续上述程序，任意选择10根金属丝，测量每根金属丝的直径 d_i（$i = 1,2,3,\cdots,10$），每根金属丝直径均应符合(56±3)μm的规定，金属丝直径的平均值按公式(2)计算。

$$\overline{d} = \frac{\sum_{i=1}^{10} d_i}{10} \tag{2}$$

7.3 检定结果的处理和检定周期

7.3.1 经检定合格的80μm水泥标准筛出具检定证书，不合格的出具检定通知书，并注明不合格项目。检定证书背面格式见附录C。

7.3.2 80μm水泥标准筛的检定周期一般为一年。

附录 A

采用 80μm 水泥标准筛校准 80μm 水泥试验筛的方法

采用 GSB 14-1511—2002 的规定样品 25g，按 GB/T 1345—1991 或 JTJ 053—94 中 T 0501—94 的规定（根据标准筛和相应的试验筛的筛框规定，选择负压筛法、水筛或干筛的一种）分别在检定合格的标准筛和需要进行校准的试验筛进行试验，获得的筛余分别为 F_n、F_t。

试验筛的校准系数 C 按如下公式计算：

$$C = \frac{F_n}{F_t}$$

C 的值应在 0.80～1.20 之间，否则试验筛判为不合格。

当采用校准后的试验筛对水泥细度进行检验时，获得的筛余为 F，对 F 进行修正的公式如下：

$$F_c = CF = \frac{FF_n}{F_t}$$

式中：F_c——水泥试样修正后的筛余百分数（%）；

C——试验筛的校准系数；

F——水泥试样修正前的筛余百分数（%）。

实例：采用 GSB 14-1511—2002 水泥细度标准样品，在标准筛上的筛余为 12%，在被校试验筛上的筛余为 15%，当采用经过校准的该试验筛在实际工作中检验水泥细度时的筛余为 12%，求该水泥样料的实际筛余为多少？

$$C = \frac{F_n}{F_t} = \frac{12\%}{15\%} = 0.8$$

$$F_c = 0.8 \times 12\% = 9.6\%$$

该水泥的筛余为 9.6%。

附录 B

检定记录格式

表 B.1　80μm 水泥标准筛检定记录表

<table>
<tr><td>受检单位</td><td></td><td>型　号</td><td></td><td>生产厂名</td><td></td></tr>
<tr><td>出厂编号</td><td></td><td>出厂日期</td><td></td><td>使用编号</td><td></td></tr>
<tr><td colspan="6">检定时温度：　　　湿度：　　　上次检定时间：</td></tr>
</table>

<table>
<tr><td colspan="3">项目</td><td colspan="3">检定记录</td><td>结果</td></tr>
<tr><td colspan="3">外观</td><td></td><td></td><td></td><td></td></tr>
<tr><td rowspan="6">筛框尺寸，mm</td><td rowspan="2">负压筛</td><td>内径 φ</td><td></td><td></td><td></td><td></td></tr>
<tr><td>高</td><td></td><td></td><td></td><td></td></tr>
<tr><td rowspan="2">水筛</td><td>内径 φ</td><td></td><td></td><td></td><td></td></tr>
<tr><td>高</td><td></td><td></td><td></td><td></td></tr>
<tr><td rowspan="2">干筛</td><td>内径 φ</td><td></td><td></td><td></td><td></td></tr>
<tr><td>高</td><td></td><td></td><td></td><td></td></tr>
<tr><td rowspan="4">筛孔尺寸，μm</td><td colspan="2">最大尺寸</td><td></td><td></td><td></td><td></td></tr>
<tr><td colspan="2">中间尺寸</td><td></td><td></td><td></td><td></td></tr>
<tr><td colspan="2">平均尺寸</td><td></td><td></td><td></td><td></td></tr>
<tr><td colspan="2">金属丝直径</td><td></td><td></td><td></td><td></td></tr>
</table>

检定员：　　　　核验员：　　　　检定时间：　　　　检定地点：

附录 C

检定证书背面格式

表 C.1　主要项目检定结果

<table>
<tr><th colspan="2">检 定 项 目</th><th>技 术 要 求</th><th>标准值(即实测值)</th></tr>
<tr><td rowspan="6">筛框,mm</td><td rowspan="2">负压筛</td><td>ϕ(150 ± 1)</td><td></td></tr>
<tr><td>高(25 ± 1)</td><td></td></tr>
<tr><td rowspan="2">水 筛</td><td>ϕ(125 ± 1)</td><td></td></tr>
<tr><td>高(80 ± 1)</td><td></td></tr>
<tr><td rowspan="2">干 筛</td><td>ϕ(150 ± 1)</td><td></td></tr>
<tr><td>高(50 ± 1)</td><td></td></tr>
<tr><td rowspan="4">筛孔,μm</td><td>最大尺寸</td><td>≤110</td><td></td></tr>
<tr><td>中间尺寸</td><td>97 ~ 110 网孔数应小于 6%</td><td></td></tr>
<tr><td>平均尺寸</td><td>75 ~ 85</td><td></td></tr>
<tr><td>金属丝直径</td><td>56 ± 3</td><td></td></tr>
</table>

技术主管：　　　　　　　　核验员：　　　　　检定员：

JJG

中华人民共和国交通部部门计量检定规程

JJG(交通)050—2004

水泥净浆标准稠度与凝结时间测定仪

Apparatus for Normal Consistency and Setting Time of Cement Paste

2004-11-02 发布　　2005-02-01 实施

中华人民共和国交通部 发布

水泥净浆标准稠度与凝结时间测定仪

1 范围

本规程适用于水泥净浆标准稠度与凝结时间测定仪(以下简称测定仪)的首次检定、后续检定和使用中检验。

2 引用文献

本规程引用下列文献:

《GB/T 1346—2001 水泥标准稠度用水量、凝结时间、安定性检验方法(eqv ISO 9597:1989)》

《JTJ 053—94 水泥标准稠度用水量、凝结时间、安定性检验方法》

《JC/T 727—1996 水泥物理仪器净浆标准稠度与凝结时间测定仪》

使用本规程时应注意使用上述引用文献的现行有效版本。

3 术语

3.1 水泥净浆标准稠度 normal consistency of cement paste

为确保测量获得的水泥凝结时间、体积安定性等性能具有准确的可比性,以 GB/T 1346—2001 规定的方法使水泥净浆达到统一规定的浆体可塑性程度。

3.2 凝结时间 setting time

水泥从加水拌和开始到失去流动性,即从可塑性状态发展到固体状态所需时间,凝结时间又分为初凝时间和终凝时间。

4 概述

通过采用测定仪测定水泥净浆达到标准稠度时所需要的最佳用水量后,再采用本测定仪测定当水泥净浆为标准稠度时的初凝时间和终凝时间,从而确定水泥的固化特性。

测量仪分为两个独立的测量系统:

a) 标准稠度测定系统:由带标尺和滑动杆的基座、试杆和试模组成;

b) 凝结时间测定系统:由带标尺和滑动杆的基座、初凝试针、终凝试针、试模和计时装置组成。

测量水泥净浆标准稠度时,要测量不同含水量的水泥净浆对试杆的沉入度,选择获得最佳标准稠度时所需的含水量。

测量水泥净浆凝结时间时,要采用标准稠度时的净浆,测定试针沉入到规定深度时所需要的时间。

5 计量性能要求

5.1 标尺

5.1.1 S尺:

测量范围:0～70mm;

分 度 值：1 mm。

5.1.2 P尺(代用法采用)：

测量范围：21.0%～33.4%；

分 度 值：0.25%。

5.1.3 P尺与S尺应满足公式：$P = 33.4\% - (0.185\%/\text{mm}) \times S$。

5.1.4 示值允许误差为：±1mm。

5.2 试杆

长：(50±1)mm；

直径：$\phi(10 \pm 0.05)$mm。

5.3 初凝针

长：(50 ±1)mm；

直径：$\phi(1.13 \pm 0.05)$mm。

5.4 终凝针

长：(30±1)mm；

直径：$\phi(5.5 \pm 0.05)$mm；

环形件端面与环形件端面间距离：(0.5±0.1)mm。

5.5 试模(含附件)

高：(40±0.2)mm；

顶部内径：$\phi(65 \pm 0.5)$mm；

底部内径：$\phi(75 \pm 0.5)$mm；

附件：80mm×80mm的平板玻璃，厚度不小于2.5mm。

5.6 滑动杆+试杆(或试针)

质量：(300±1)g。

5.7 滑动杆的偏摆要求

偏摆所形成的最大直径为：使用中不大于2.0mm，新制造不大于1.0mm。

6 通用技术要求

6.1 测定仪应有清晰的标志、标牌和合格证书。标牌应标明测定仪的名称、型号、出厂编号、制造厂名、生产日期；标志应标明测定仪的实验室使用编号、上次检定时间等。

6.2 测定仪的外表应光滑、平整、无明显缺陷和锈蚀现象；试杆和试针的端部应为平面，无明显磨损和创伤；滑动杆能自动落下，移动时灵活平稳，无明显阻滞和晃动现象。

7 计量器具控制

7.1 检定条件

7.1.1 环境条件

检定(或检验)时环境条件要求如下：

a） 环境温度：(20±5)℃；

b） 环境相对湿度：不大于85%；

c） 检定(或检验)应在室内进行，周围应无影响检定结果的污染、震动等现象。

7.1.2 检定(或检验)用计量标准及配套设备

检定(或检验)时采用的计量标准要求如下:

a) 天平:称量范围 0~500g,分度值为 0.1g;

b) 深度尺:测量范围 0~200mm,分度值为 0.02mm;

c) 游标卡尺:测量范围 0~150mm,分度值为 0.02mm;

d) 量块:36mm 量块一块,准确度为 0.001mm;

e) 外径千分尺:测量范围 0~25mm, 分度值为 0.01mm;

f) 配套设备:白复印纸(100mm×100mm)一张、红墨水一瓶、圆规一个。

7.2 检定项目和检定方法

7.2.1 检定项目

测定仪的检定项目见表 1,检定记录格式见附录 A。

表 1 检定项目

检定项目	首次检定	后续检定	使用中检验
通用技术要求	+	+	−
标尺	+	+	−
试杆	+	+	+
初凝针	+	+	+
终凝针	+	+	+
试模	+	+	+
滑动杆+试杆(试针)	+	+	+
滑动杆偏摆	+	+	−
注:"+"表示检定(或检验);"−"表示不需要检定(或检验)。			

7.2.2 检定方法

7.2.2.1 通用技术要求的检查

通用技术要求采用感官(目测,手感)方法进行检查。检查结果应符合 6.1 和 6.2 规定的各项要求。

7.2.2.2 标尺的检定程序

首先采用游标卡尺测量标尺的 S 尺的测量范围,测量时均以刻度线的下边为准,测三次,以平均值作为标准值。在这以后,采用同样的方法测量 P 尺的测量范围,获得 P 尺的标准值。并以公式(1)验证:

$$P = 33.4\% - (0.185\%/\text{mm}) \times S \tag{1}$$

即在标尺上的 PR、SR 的对应关系。

然后按测定仪使用说明书的规定,使其处于测量净浆标准稠度状态,将 36mm 量块放置在被测位置上,使试杆的端面与量块接触,这时将滑动杆的标线定位在 40mm 附近处,拧紧螺丝。在 1s～5s 后，取出量块，拧松螺丝，使试杆轻轻落下，与基面接触，读出 S 尺上的数值。按此程序做三次，三次读数中偏离 36mm 最大的值与 36mm 之差的绝对值即为滑动杆位移的最大示值误差，应符合 5.1 的规定。

7.2.2.3 试杆的检定程序

将试杆从测定仪上卸下，采用游标卡尺测量其长度，重复测三次，取平均值为标准值，应符合 5.2 规定的要求。采用外径千分尺测量试杆的直径，测量位置在顶端附近，每旋转约 60°测一次，共测三次，三次测量值的最大差值应不大于 0.1mm，在符合该要求的前提下，取三次测量的平均值为标准值，应符合 5.2 的规定。当三次测量值的最大差值不小于 0.1mm 时判该试杆为不合格。

7.2.2.4 初凝试针的检定程序

采用游标卡尺测量初凝试针的长度，重复测量三次，取平均值作为标准值，应符合 5.3 的规定。采用外径千分尺测量初凝试针端部附近的直径，每旋转约 60°测一次，共测三次，三次测量值的最大差值应不大于 0.02mm，在符合该要求的前提下，取三次测量的平均值为标准值，应符合 5.3 的规定。当三次测量值的最大差值不小于 0.02mm 时判该试针为不合格。

7.2.2.5 终凝试针的检定程序

测量程序和判断方法同 7.2.2.4，应符合 5.4 的规定。

7.2.2.6 试模的检定程序

采用深度尺测量试模的深度，测量前将试模平放在玻璃平板上，使其平板良好接触，无空隙。若发现明显空隙，试模即判为不合格。在符合上述规定之后，每旋转约 60°测一次试模深度，共测三次，三次测量值的最大差值应不大于 0.4mm，在符合该要求的前提下，取三次测量的平均值为标准值，应符合 5.5 的规定。

采用游标卡尺测量试模顶部的内径，每旋转 60°测一次，共测三次；按同样的步骤测量试模底部的内径；所有的值均应符合 5.5 的规定。

7.2.2.7 滑动杆＋试杆（或试针）的检定程序

将滑动杆从测量仪上卸下，将其与试杆（或试针）一起放到天平上称量，总质量应符合 5.6 的规定。

7.2.2.8 滑动杆最大滑动偏摆的检定程序

将初凝试针装到滑动杆上，使测定仪处于测量凝结时间状态后，在底座平面上铺上 100mm×100mm 的白复印纸，在初凝试针上稍微蘸上一点红墨水，每旋转 60°放下试针，使其落在白纸上，并留下一个红点，共进行三次，获得共三个红点，用圆规做一个圆（三点做一个圆的方法）。重复二次，取直径最大的圆做为最大偏摆的标准值。对新测定仪，直径应不大于 2.0mm；对使用中的测定仪，直径应不大于 3.0mm。

7.3 检定结果的处理和检定周期

7.3.1 经检定合格的测定仪出具检定证书，不合格的出具检定结果通知书，并注明不合格项目。检定证书背面格式见附录 B。

7.3.2 检定仪的检定周期一般为一年，但在使用过程中对检测结果发生怀疑时，可随时进行相应项目的检验，检验程序可参照 7.2。若检验不合格，应提前进行检定。

附录 A

检定记录格式

表 A.1 水泥净浆标准稠度与凝结时间测定仪检定记录

受检单位		型 号			生产厂名		
出厂编号		出厂日期			使用编号		
检定时温度：		湿度：			上次检定时间：		
序号	检定项目		检定记录				结果
1	通用技术要求						
2	标尺，mm	P尺					
		S尺					
3	试杆，mm	长					
		直径					
4	试针（初凝），mm	长					
		直径					
5	试针（终凝），mm	长					
		直径					
6	试模，mm	高					
		顶					
		底					
7	滑动杆＋试杆（或试针），g						
8	滑动杆最大偏摆，mm						

检定员：　　核验员：　　检定时间：　　检定地点：

附录 B

检定证书背面格式

表 B.1 主要项目检定结果

<table>
<tr><th>序号</th><th colspan="2">检 定 项 目</th><th>技 术 要 求</th><th>标准值(即实测值)</th></tr>
<tr><td rowspan="2">1</td><td rowspan="2">标尺</td><td>P尺</td><td>21% ~ 33.4%</td><td></td></tr>
<tr><td>S尺</td><td>0mm ~ 70mm</td><td></td></tr>
<tr><td rowspan="2">2</td><td rowspan="2">试杆,mm</td><td>长</td><td>50 ± 1</td><td></td></tr>
<tr><td>直径</td><td>$\phi(10 \pm 0.05)$</td><td></td></tr>
<tr><td rowspan="2">3</td><td rowspan="2">试针(初凝),mm</td><td>长</td><td>50 ± 1</td><td></td></tr>
<tr><td>直径</td><td>$\phi(1.13 \pm 0.05)$</td><td></td></tr>
<tr><td rowspan="2">4</td><td rowspan="2">试针(终凝),mm</td><td>长</td><td>30 ± 1</td><td></td></tr>
<tr><td>直径</td><td>$\phi(5.5 \pm 0.05)$</td><td></td></tr>
<tr><td rowspan="3">5</td><td rowspan="3">试模,mm</td><td>高</td><td>40 ± 0.2</td><td></td></tr>
<tr><td>顶</td><td>$\phi(65 \pm 0.5)$</td><td></td></tr>
<tr><td>底</td><td>$\phi(75 \pm 0.5)$</td><td></td></tr>
<tr><td>6</td><td colspan="2">滑动杆 + 试杆(或试针),g</td><td>300 ± 1</td><td></td></tr>
<tr><td>7</td><td colspan="2">滑动杆最大偏摆,mm</td><td>≤1.0(新机) 或≤2.0 (使用中)</td><td></td></tr>
</table>

技术主管： 核验员： 检定员：

JJG

中华人民共和国交通部部门计量检定规程

JJG（交通）051—2004

路面车辙自动测定仪

Automated Rut-Depth Measuring System

2004-11-02 发布　　　　2005-02-01 实施

中华人民共和国交通部 发布

路面车辙自动测定仪检定规程

1 范围

本规程适用于路面车辙自动测定仪的首次检定、后续检定和使用中检验。

2 引用文献

本规程引用下列文献：

《JTJ 059—95　公路路基路面现场测试规程》

《JT/T 613—2004　路面车辙自动测定仪》

使用本规程时，应注意使用上述引用文献的现行有效版本。

3 术语

3.1 车辙 rut depth

车辙是车辆长时间在公路上行驶引起的路面永久变形，表现形式就是在路面上留下的车轮的压痕，其深度是衡量路面状况的一个重要指标。

3.2 检测车 measuring vehicle

检测车是用来安装路面车辙自动测定仪的，一般可采用面包车、普通小轿车、吉普车或其他工具车作为检测车。

4 概述

路面车辙自动测定仪是利用位移传感器来快速连续测定路面车辙深度的仪器。

路面车辙自动测定仪主要由检测横梁、传感器和计算机系统等组成。检测时，计算机安装在检测车上，配有传感器的检测横梁安装在检测车的前（后）端。路面车辙深度检测示意图见图1。

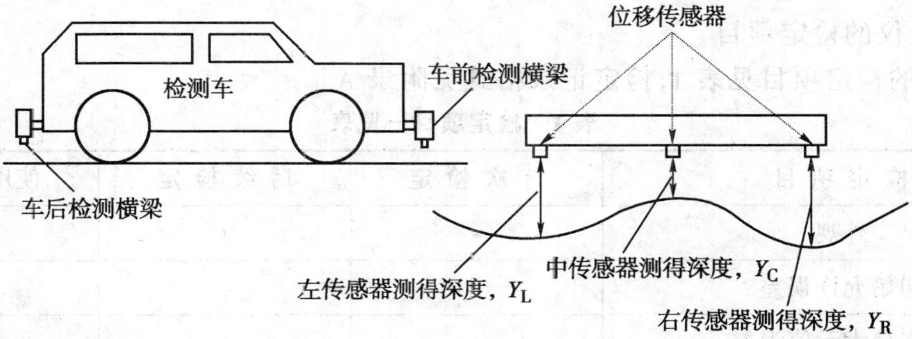

图1　路面车辙深度检测示意图

检测横梁上安置的位移传感器可测得横梁水平面至路面的高度。左、右、中传感器可分别测得检测横梁平面至左、右轮位置及中间位置路面的距离。左、右传感器和中间传感器测得的距离之差就是左、右车轮的车辙深度，这两个车轮车辙深度的平均值即为车辙深度（Z），在数学上可由式（1）表示：

$$Z = [(Y_R - Y_C) + (Y_L - Y_C)]/2 \tag{1}$$

车辙深度的计算是通过计算机系统，利用编制的软件自动算出。

5 计量性能要求

5.1 初始允许误差：±1 mm。

5.2 静态最大示值误差为：±2 mm。

5.3 静态分辨力为：1 mm。

5.4 可检测车辙的最大深度：不小于 100 mm。

5.5 位移传感器静态检测与标准检测的相关性（相关系数 R^2）：R^2 不小于 0.9。

6 通用技术要求

6.1 检测横梁的各工作面不应有锈蚀、碰伤和划痕，各非工作面上不应有脱漆及影响外观的其他缺陷。

6.2 路面车辙自动测定仪应有清晰的标牌，标有型号、制造厂名、出厂日期及出厂编号。

7 计量器具控制

7.1 检定条件

7.1.1 环境条件

7.1.1.1 检定时环境温度：-20℃至 40℃。

7.1.1.2 检定时环境相对湿度：不大于 85%。

7.1.1.3 环境清洁、无腐蚀气体，检定时周围振动、噪声对检测结果无影响。

7.1.2 检定器具

7.1.2.1 专用标准垫片：深色，垫片表面粗糙度不大于 3.2，外形为 30mm×30 mm 正方形，厚度尺寸为 1、5、10、20、50、100 和 200mm 等。

7.1.2.2 钢卷尺：测量范围 0～3m，分度值 1 mm。

7.2 检定项目及检定方法

7.2.1 车辙仪的检定项目

车辙仪的检定项目见表 1，检定记录格式见附录 A。

表 1 检定项目一览表

检定项目	首次检定	后续检定	使用中检验
外观	+	+	-
初始允许误差	+	+	+
静态最大示值误差	+	+	+
静态分辨力	+	+	+
可检测车辙的最大深度	+	+	-
静态检测与标准检测的相关系数	+	+	+
注："+"表示检定；"-"表示不检定。			

7.2.2 检定方法

7.2.2.1 外观检查

通过目测和手触进行外观检查，应符合 6.1 和 6.2 规定。

7.2.2.2 初始允许误差和静态最大示值误差的检定方法

在实验室内对路面车辙自动测定仪的传感器系统进行初始检测允许误差和最大示值误差的检定，检定示意图见图 2。

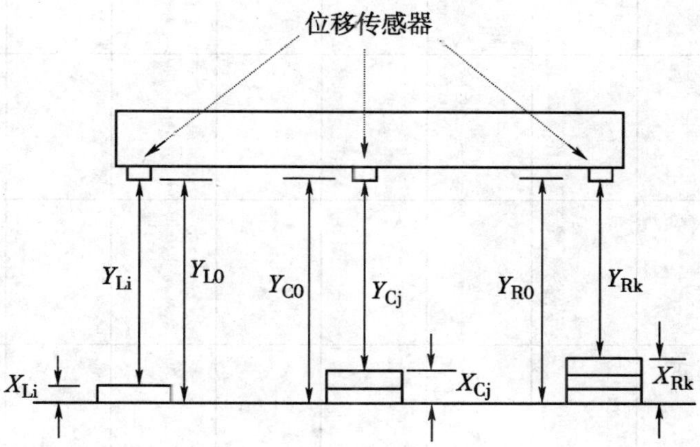

图 2 路面车辙自动测定仪传感器系统最大示值误差检定示意图

检定步骤：

a) 选取平整的参考平面，将安有传感器的检测横梁置于参考平面之上（如图 2 所示）；横梁至参考平面距离在 300mm ~ 400mm 之间，并固定住。

b) 用钢卷尺测出三个传感器平面与参考平面的距离（Y_L，Y_C，Y_R），用路面车辙自动测定仪读出传感器与参考平面的距离（即 Y_{L0}、Y_{C0}、Y_{R0}）。

c) 在各传感器下方加标准垫片，并记录所选用标准垫片的厚度（即 X_{Li}、X_{Cj}、X_{Rk}），同时用路面车辙自动测定仪读出传感器与标准垫片平面的距离（即 Y_{Li}、Y_{Cj}、Y_{Rk}）。

d) 根据传感器横梁至参考平面的距离，平均分为五个距离段，在每一段取一组数据。算出第一组误差后再改变标准垫片的厚度，由上述方法获得第二组误差，依此重复，测得的数据填入表 2 中。

检定结果：

a) 各传感器的初始检测误差分别由下式算出：

左传感器初始检测误差： $e_L = Y_L - Y_{L0}$ （2）

中传感器初始检测误差： $e_C = Y_C - Y_{C0}$ （3）

右传感器初始检测误差： $e_R = Y_R - Y_{R0}$ （4）

各初始检测误差应满足 5.1 的条件。

b) 左、中、右传感器检测误差可分别由下式计算出：

左传感器检测误差： $e_{Li} = (Y_{L0} - Y_{Li}) - X_{Li}$ （5）

中传感器检测误差： $e_{Cj} = (Y_{C0} - Y_{Cj}) - X_{Cj}$ （6）

右传感器检测误差： $e_{Rk} = (Y_{R0} - Y_{Rk}) - X_{Rk}$ （7）

各组误差绝对值的最大值即为最大示值误差，最大示值误差应满足 5.2 的条件。

表 2　静态检测数据记录表

X_{Li} (mm)	Y_{Li} (mm)	$Y_{L0}-Y_{Li}$ (mm)	e_{Li} (mm)	X_{Cj} (mm)	Y_{Cj} (mm)	$Y_{C0}-Y_{Cj}$ (mm)	e_{Cj} (mm)	X_{Rk} (mm)	Y_{Rk} (mm)	$Y_{R0}-Y_{Rk}$ (mm)	e_{Rk} (mm)

注：1.表中的参数定义请参照图 2。

2. $e_{Li}=(Y_{L0}-Y_{Li})-X_{Li}$　　$e_{Cj}=(Y_{C0}-Y_{Cj})-X_{Cj}$　　$e_{Rk}=(Y_{R0}-Y_{Rk})-X_{Rk}$。

7.2.2.3 静态分辨力的检定

改变标准垫片的厚度时，路面车辙自动测定仪的读数也发生相应变化，则认为路面车辙自动测定仪的静态检测分辨率小于标准垫片厚度的变化量。

检定示意图见图2。当加入1 mm厚的标准垫片时，若传感器的读数也发生相应的变化，则认为该传感器的分辨力满足5.3的要求。

7.2.2.4 可检测车辙最大深度的检定

在实验室利用7.2.2.2的方法对可检测车辙最大深度进行检定。

将横梁左、右传感器位置垫片厚度同中传感器位置垫片厚度之差均设为100mm以上，这时若计算机系统显示的车辙深度数值正常，即显示数值同由公式(1)计算所得数值之差在允许误差范围内，则符合5.4的要求。

7.2.2.5 传感器静态检测与标准检测的相关性检定

检定方法同7.2.2.2的方法，并尽可能将标准垫片厚度的变化覆盖整个传感器检测范围。

将标准垫片厚度的变化量（即 X_{Li}、X_{Cj}、X_{Rk}）与传感器读数的变化量（即 Y_{Li}、Y_{Cj}、Y_{Rk}）作相关性分析（线性分析），获得相关系数 R^2，应符合5.5要求。

对给定的传感器，若采用的标准垫片厚度为 $x_i(i = 1, 2, 3, \cdots, n)$，则该传感器相应的读数为 $y_i(i = 1, 2, 3, \cdots, n)$，相关系数可由公式(8)得到：

$$R^2 = \frac{l_{xy}}{l_{xx} l_{yy}} \tag{8}$$

式中：$l_{xx} = \sum_{i=1}^{n}(x_i - \overline{x})^2$；

$l_{yy} = \sum_{i=1}^{n}(y_i - \overline{y})^2$；

$l_{xy} = \sum_{i=1}^{n}(x_i - \overline{x})(y_i - \overline{y})$。

7.3 检定结果处理和检定周期

7.3.1 经检定合格的路面车辙自动测定仪应出具检定证书；检定不合格的应出具检定结果通知书，并注明不合格项目。检定证书背面格式见附录B。

7.3.2 路面车辙自动测定仪的检定周期一般为一年，但在使用过程中对检测结果产生怀疑时，可以进行相应项目的使用中检验，若检验不合格，应提前进行检定。

附录 A

检定记录格式

表 A.1 路面车辙自动测定仪检定记录

<table>
<tr><td>受检单位</td><td colspan="2"></td><td>型 号</td><td></td><td>生产厂名</td><td></td></tr>
<tr><td>出厂编号</td><td colspan="2"></td><td>出厂日期</td><td></td><td>使用编号</td><td></td></tr>
<tr><td colspan="3">检定时温度：</td><td>湿度：</td><td colspan="3">上次检定时间：</td></tr>
<tr><td>序号</td><td colspan="3">检定项目</td><td colspan="2">检定记录</td><td>结果</td></tr>
<tr><td>1</td><td colspan="3">外观</td><td colspan="2"></td><td></td></tr>
<tr><td>2</td><td colspan="3">初始允许误差：±1 mm</td><td colspan="2"></td><td></td></tr>
<tr><td>3</td><td colspan="3">静态最大示值误差为：±2 mm</td><td colspan="2"></td><td></td></tr>
<tr><td>4</td><td colspan="3">静态检测分辨力为：1 mm</td><td colspan="2"></td><td></td></tr>
<tr><td>5</td><td colspan="3">可检测车辙最大深度：不小于 100mm</td><td colspan="2"></td><td></td></tr>
<tr><td>6</td><td colspan="3">静态检测与标准检测的相关系数：
$R^2 \geqslant 0.9$</td><td colspan="2"></td><td></td></tr>
</table>

检定员： 核验员： 检定时间： 检定地点：

附录 B

检定证书背面格式

表 B.1　主要项目检定结果

检 定 项 目	技 术 要 求	实 测 值
初始允许误差	±1 mm	
静态最大示值误差	±2 mm	
静态分辨力	1 mm	
静态检测与标准检测的相关系数	$R^2 \geqslant 0.9$	

技术主管：　　　　　　　　　　核验员：　　　　　　检定员：

JJG

中华人民共和国交通部部门计量检定规程

JJG（交通）052—2004

车载式颠簸累积仪

On-Vehicle Bumping Integrator

2004-11-02 发布

2005-02-01 实施

中 华 人 民 共 和 国 交 通 部 发布

车载式颠簸累积仪检定规程

1 范围

本规程适用于车载式颠簸累积仪（以下简称累积仪）的首次检定、后续检定和使用中的检验。

2 引用文献

本规程引用下列文献：

《JFJ 059—95　公路路基路面现场测试规程》

使用本规程时，应注意使用上述引用文献的现行有效版本。

3 术语

3.1 国际平整度指数 *IRI* international roughness index

采用四分之一车辆数学模型并以规定速度（80km/h）行驶在路面上，以模拟车辆对路面不平整度的动态响应时，车身悬架的总位移（单位为米）与行驶距离（单位为千米）之比，单位为米每千米（m/km）。

3.2 颠簸累积值 *VBI* value of bumping integrator

一种采用累积仪检测获得的路面平整度指标。当载有累积仪的测试车在路面上行驶时，由于路面不平整引起的颠簸会使测试车的后轴和车体之间产生上下相对位移，累积仪通过测量这种位移的单向累积值来表征路面的平整度状况，计算公式为：

$$VBI = \frac{CN}{L} \tag{1}$$

式中：*VBI*——颠簸累积值（m/km）；

CN——单向位移累积值（m）；

L——测试车行驶的路段长度（km）。

4 概述

累积仪是一种响应式路面平整度快速检测装置。路面平整度检测装置主要包括两类：一类是断面式平整度检测装置，目前国内使用的这类仪器有梁式断面仪、惯性断面仪和自动化路面纵断面剖面仪[1]等；另一类是响应式平整度检测装置，目前国内生产的这类仪器有累积仪和响应式自动化路面平整度分析仪[1]等。

累积仪主要由测试车、数据采集与处理系统和位移检测装置等部分组成。图 1 是累积仪的结构示图。

其工作原理是：仪器工作时，测试车以一定速度在被测路面上匀速行驶，由于路面不平整引起的颠簸会使测试车的后轴与车体之间产生上下相对位移。位移传感器将后轴与车体之间的单向位移值输出至数据采集与处理系统。该系统将单向位移值累加并与测试车行驶距离进行处理，得到 *VBI* 值。

[1]参考 http://www.Shanghai-PRES.com

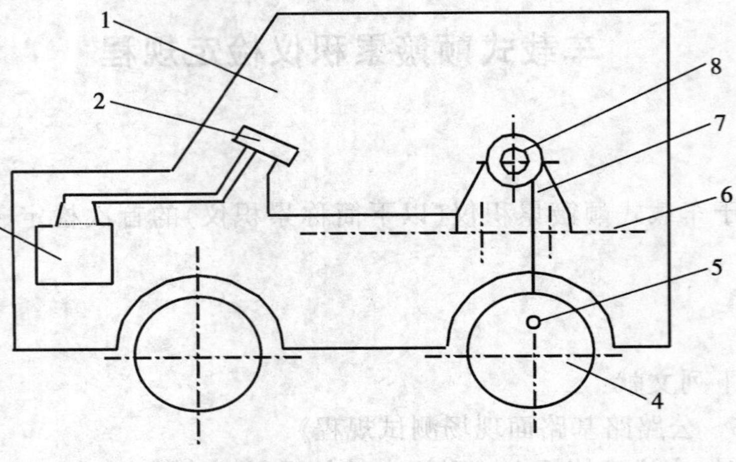

图 1　车载式颠簸累积仪安装示意图

1-测试车；2-数据采集与处理系统；3-电瓶；4-后桥；5-挂钩；6-底板；7-钢丝绳；8-位移传感器

5　计量性能要求

5.1　累积仪的距离传感器测试值的相对误差应不大于 2%，累积仪的位移传感器测试值的绝对误差应不大于 1mm。

5.2　*IRI* 值与 *VBI* 值相关系数 R^2 应不小于 0.9。

5.3　仪器测试值误差应不大于 0.5m/km（*IRI* 值）。

5.4　仪器测试值标准差应不大于 0.2m/km（*IRI* 值）。

6　通用技术要求

6.1　累积仪应有清晰的标牌、标志和合格证书。标牌上应有累积仪的名称、型号、出厂编号、制造厂名、出厂日期等；标志上应有累积仪的使用编号、最近一次检定日期等。

6.2　累积仪外表应光滑、平整，无明显缺陷和锈蚀现象；电子系统的开关按钮应灵活、可靠；数显部分不应缺笔少画。

6.3　测试车轮胎应清洁，不得附有杂物；底盘悬挂系统应无松动现象，运行正常，无异常响声；轮胎气压应符合车辆的规定要求。

6.4　仪器最大可测垂直位移累积值应不小于 100m，仪器单次最大可测垂直位移值应不小于 0.2m。

7　计量器具控制

7.1　检定条件

7.1.1　检定环境条件

温度 0℃～40℃，环境相对湿度不大于 85%，检定现场周围清洁，无影响工作的振动和腐蚀性气体存在。

7.1.2　检定用具

7.1.2.1　手推式断面仪：0～10m/km（*IRI* 值）（分度值 0.01m/km）。

7.1.2.2　刻度尺：0～100m（分度值 1cm）。

7.1.2.3　轮胎气压检测装置：0～1000kPa（分度值 1kPa）。

7.2 检定项目及检定方法

7.2.1 检定项目

累积仪的检定项目见表1,检定记录格式见附录A。

表1 检定项目一览表

<table>
<tr><th colspan="2">检定项目</th><th>首次检定</th><th>后续检定</th><th>使用中检验</th></tr>
<tr><td rowspan="2">传感器测试误差</td><td>相对误差</td><td>+</td><td>+</td><td>+</td></tr>
<tr><td>绝对误差</td><td>+</td><td>+</td><td>+</td></tr>
<tr><td colspan="2">相关系数 R^2</td><td>+</td><td>+</td><td>+</td></tr>
<tr><td colspan="2">测试值误差</td><td>+</td><td>+</td><td>+</td></tr>
<tr><td colspan="2">测试值标准差</td><td>+</td><td>+</td><td>+</td></tr>
<tr><td colspan="2">外观</td><td>+</td><td>+</td><td>–</td></tr>
<tr><td colspan="2">垂直位移累计值</td><td>+</td><td>+</td><td>–</td></tr>
<tr><td colspan="5">注:“+”表示需要检定(检验);“–”表示不需要检定(检验)。</td></tr>
</table>

7.2.2 检定方法

7.2.2.1 通用技术要求

通过目测、手感检查,其结果应符合6.1、6.2和6.3的规定要求。采用轮胎气压检测装置检测测试车的轮胎气压,其值应符合车辆的规定要求。

选择一受损坏路段(*IRI* 值不小于6m/km)。将累积仪置于工作状态,启动测试车,选定行驶速度(介于60km/h与80km/h之间)并沿行车道匀速前进。观察位移传感器读数,其最大可测垂直位移累积值、单次最大可测垂直位移值应符合6.4的要求。

7.2.2.2 累积仪距离传感器和位移传感器误差的检定

选择平整无坑洼直线路段4段,按表2要求沿行车方向量取规定的长度并沿途做好标记。把装有累积仪的测试车停在起点处,将距离传感器置于工作状态并使之读数为零。启动测试车并沿所做标记行驶至终点停下,读出距离传感器读数,其值应满足表2的要求。

表2 距离传感器误差检定的行驶路段长度及读数要求　　单位:m

行驶路段长度	50	100	200	400
距离传感器读数	50±1	100±2	200±4	400±8

将位移传感器置于工作状态并使之读数为零,按表3要求拉动位移传感器的钢丝绳使之发生位移,读出位移传感器读数,其值应满足表3的要求。

表3 位移传感器误差检定的位移发生长度及读数要求　　单位：mm

位移发生长度	50	100	150	180
位移传感器读数	50±1	100±1	150±1	180±1

7.2.2.3 *IRI* 值与 *VBI* 值相关系数 R^2 的检定

选择 n 段待测路面并沿途做好标记（$n \geqslant 7$），每段 100m～350m。为使累积仪能工作于不同平整度状况的路面，所选择路段的 *IRI* 值应尽量均匀分布并包括各种不同类型的路面。各种类型路面 *IRI* 值的分布范围如表4所示。

表4 不同类型路面 *IRI* 范围　　单位：m/km

路面类型	*IRI*	路面类型	*IRI*
机场跑道和高速公路	0.1～2	老路面	2～6
新建路面	1.2～3.5	受损坏路面	4～11

按手推式断面仪使用说明书的要求，将手推式断面仪置于工作状态。对选定的路段沿划定的路线测量路段 *IRI* 值，顺序记下每个路段的 *IRI* 值 $y_i(i=1,2,\cdots,n)$。

按累积仪使用说明书的要求，将累积仪置于工作状态，选定行驶速度（介于 30km/h 与 80km/h 之间），对选定的路段沿划定的路线匀速行驶，测量路段的 *VBI* 值。每个路段重复测量 m 次（$m \geqslant 5$）并做好记录，取其平均值作为该路段的 *VBI* 值，检测结果记录见附录B。顺序记下每个路段的 *VBI* 平均值 $x_i(i=1,2,\cdots,n)$。

采用下式计算 R^2 值，所得 R^2 应满足5.2的要求：

$$R^2=\left(\frac{\sum_{i=1}^{n}(x_i-\overline{x})(y_i-\overline{y})}{\sqrt{\sum_{i=1}^{n}(x_i-\overline{x})^2}\cdot\sqrt{\sum_{i=1}^{n}(y_i-\overline{y})^2}}\right)^2 \tag{2}$$

$$\overline{x}=\frac{1}{n}\sum_{i=1}^{n}x_i \tag{3}$$

$$\overline{y}=\frac{1}{n}\sum_{i=1}^{n}y_i \tag{4}$$

式中：x_i——累积仪测得的第 i 路段的 *VBI* 值（m/km）；

y_i——手推式断面仪测得的第 i 路段的 *IRI* 值（m/km）；

$\overline{x}$——累积仪测得的 n 条路段的 *VBI* 值平均值（m/km）；

$\overline{y}$——手推式断面仪测得的 n 条路段的 *IRI* 值平均值（m/km）。

在上述检定过程中也可选用精密水准仪测量路面纵断面高程，再通过程序计算得到路面 *IRI* 值。用精密水准仪测量路面纵断面高程获得路面 *IRI* 的方法可参见附录D。

7.2.2.4 仪器测试值误差的检定

将7.2.2.3中获得的两组数据，采用一元回归分析方法，建立相应的 *IRI* 值 y 与 *VBI* 值 x 的回归方程：

$$y=ax+b \tag{5}$$

其中参数 a、b 由下式计算得出（$i=1,2,\cdots,n$）：

$$a=\frac{\begin{vmatrix}\sum_{i=1}^{n}y_i x_i & \sum_{i=1}^{n}x_i\\ \sum_{i=1}^{n}y_i & n\end{vmatrix}}{\begin{vmatrix}\sum_{i=1}^{n}x_i^2 & \sum_{i=1}^{n}x_i\\ \sum_{i=1}^{n}x_i & n\end{vmatrix}} \tag{6}$$

$$b=\frac{\begin{vmatrix}\sum_{i=1}^{n}x_i^2 & \sum_{i=1}^{n}y_i x_i\\ \sum_{i=1}^{n}x_i & \sum_{i=1}^{n}y_i\end{vmatrix}}{\begin{vmatrix}\sum_{i=1}^{n}x_i^2 & \sum_{i=1}^{n}x_i\\ \sum_{i=1}^{n}x_i & n\end{vmatrix}} \tag{7}$$

式中：x_i——累积仪测得的第 i 路段的 *VBI* 值(m/km)；

y_i——手推式断面仪测得的第 i 路段的 *IRI* 值(m/km)。

建立回归方程之后，另选一段200m长路段，按7.2.2.2的检测方法分别获得该路段的 *VBI* 值和 *IRI* 值。以累积仪检测获得的 *VBI* 值作为 $x_{检}$，按公式(5)求出与此相对应的 *IRI* 值 $y_{检}$。

将手推式断面仪检测获得的 *IRI* 值作为 $y_{标}$，则 $y_{检}$ 与 $y_{标}$ 应满足下列关系：$|y_{检}-y_{标}|\leqslant 0.5$m/km。

7.2.2.5 仪器测试值标准差的检定

选择一长100m～350m的路段，按累积仪使用说明书要求重复检测该段路面 *VBI* 值 m 次($m\geqslant 5$)。将累积仪检测获得的 m 个 *VBI* 值按式(5)转换成 *IRI* 值后，计算该组数据的标准差 S，则 S 应满足：$S\leqslant 0.2$m/km，其中 S 按公式(8)计算：

$$S=\sqrt{\frac{1}{m}\sum_{j=1}^{m}\left(y_j-\frac{1}{m}\sum_{j=1}^{m}y_j\right)^2} \tag{8}$$

式中：y_j——由某路段第 j 次 *VBI* 测试值转换的 *IRI* 值(m/km)。

7.3 检定结果处理与检定周期

7.3.1 检定结果处理

经检定合格的累积仪应出具合格证书，不合格的出具测试结果通知书，检定证书背面格式见附录C。

7.3.2 检定周期

累积仪检定周期一般为一年，但在使用过程中对检测结果发生怀疑时，可随时进行相应项目的检验，检验程序可参照7.2，若检验不合格，应提前进行检定。

附录 A

检定记录格式

表 A.1　车载式颠簸累积仪检定记录表

委托单位		规格型号		生产厂家	
出厂编号		出厂日期		使用编号	
环境温度		湿　　度		上次检定时间	
序号	检定项目			检定记录	备注
1	外观				
2	轮胎气压，kPa				
3	最大可测垂直位移累积值，m				
4	单次最大可测垂直位移值，m				
5	距离传感器测试值误差，m		50		
			100		
			200		
			400		
6	位移传感器测试值误差，mm		50		
			100		
			150		
			180		
7	*IRI* 与 *VBI* 相关系数 R^2				
8	测试值误差，m/km				
9	测试值标准差，m/km				

检定员：　　　　检验号：　　　　检定时间：　　　　检定地点：

附录 B

检测结果记录表

表 B.1 路面平整度检测结果记录表

路段号	手推式断面仪 *IRI* 示值，m/km	车载式颠簸累积仪 *VBI* 示值，m/km					
1		1	2	3	4	5	平均值
2		1	2	3	4	5	平均值
3		1	2	3	4	5	平均值
4		1	2	3	4	5	平均值
5		1	2	3	4	5	平均值
6		1	2	3	4	5	平均值
7		1	2	3	4	5	平均值

检定员： 检验号： 检定时间： 检定地点：

附录 C

检定证书背面格式

表 C.1　主要项目检定结果

序号	检 定 项 目	技 术 要 求	检 定 结 果
1	外观		
2	轮胎气压，kPa		
3	位移传感器测试值绝对误差，mm		
4	距离传感器测试值相对误差，%		
5	测试值误差，m/km		
6	测试值标准差，m/km		
7	最大可测垂直位移累积值，m		
8	单次最大可测垂直位移值，m		
9	*IRI* 与 *VBI* 相关系数 R^2		

技术主管：　　　　　　　　检验员：　　　　　　　　检验号：

附录 D

用精密水准仪测定路面标高计算路面 *IRI* 的方法

D.1　在长为 100m～350m 的路段上，每隔 0.25m 或 0.50m（一般为 0.25m，如图 D.1 所示）用油漆做好明显的标记。

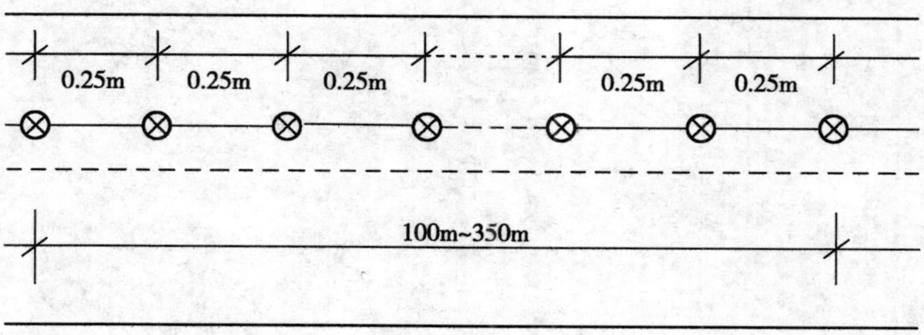

图 D.1　用精密水准仪测量路面纵断面高程示意图

D.2　用经过校准的精密水准仪（分辨率为 0.5mm）测出每个标点的标高（海拔高程或相对标高均可）。

D.3　在计算机上建立一个数据文件名（如 nj.dat），把所测得的标高数据（单位：mm）一次输入，所有数据全部输入后存盘退出。

D.4　运行国际平整度指数计算程序 IRI.EXE，输入数据文件名，计算国际平整度指数 *IRI*。

附录 D

用精密水准仪测定路面标高计算路面 IRI 的方法

D.1 在长为100m～350m的路段上，每隔0.25m或0.50m（一般为0.25m，如图D.1所示）用油漆做好明显的标记。

图 D.1 用精密水准仪测量路面纵断面高程示意图

D.2 用经过校准的精密水准仪（分辨率为0.5mm）测出每个标点的标高（海拔高程或相对标高均可）。

D.3 在计算机上建立一个数据文件名（如 ni.dat），把所测得的标高数据（单位：mm）一一输入，所有数据全部输入后存盘退出。

D.4 运行国际平整度指数计算程序 IRI.EXE，输入数据文件名，计算国际平整度指数 IRI。

JJG

中华人民共和国交通部部门计量检定规程

JJG（交通）053—2004

摆式摩擦系数测定仪

Portable Pendulum Tester

2004-11-02 发布

2005-02-01 实施

中华人民共和国交通部 发布

JJG

中华人民共和国交通部部门计量检定规程

JJG(交通)034—2004

摆式摩擦系数测定仪

Portable Pendulum Tester

2004-11-02发布　　2005-02-01实施

中华人民共和国交通部发布

摆式摩擦系数测定仪

1 范围

本规程适用于摆式摩擦系数测定仪(以下简称摆式仪)的首次检定、后续检定和使用中的检验。

2 引用文献

本规程引用下列文献：

《GB/T 531—1992 硫化橡胶邵尔 A 硬度试验方法》

《GB/T 1686—1985 硫化橡胶伸长的有效弹性和滞后损失试验方法》

《JT/T 3162—1993 摆式摩擦系数测定仪试验方法》

《JTJ 059—95 公路路基路面现场测试规程》

使用本规程时,应注意使用上述引用文献的现行有效版本。

3 术语

3.1 摆值 british pendulum（tester）number

摆值是反映路面抗滑性能的综合性指标,以摆式仪的刻度 BPN 表示(British Pendulum (tester) Number)。摆式仪测定的 BPN 值是回摆高度,可以直接从仪器上读得。

4 概述

摆式仪是一种在室内检测路面材料表面摩阻特性的仪器,也可用于野外检测局部路面范围的抗滑性能。摆式仪的结构如图 1 所示。

其工作原理是:摆式仪的摆锤底面装有一橡胶滑块,当摆锤从一定高度自由下摆时,

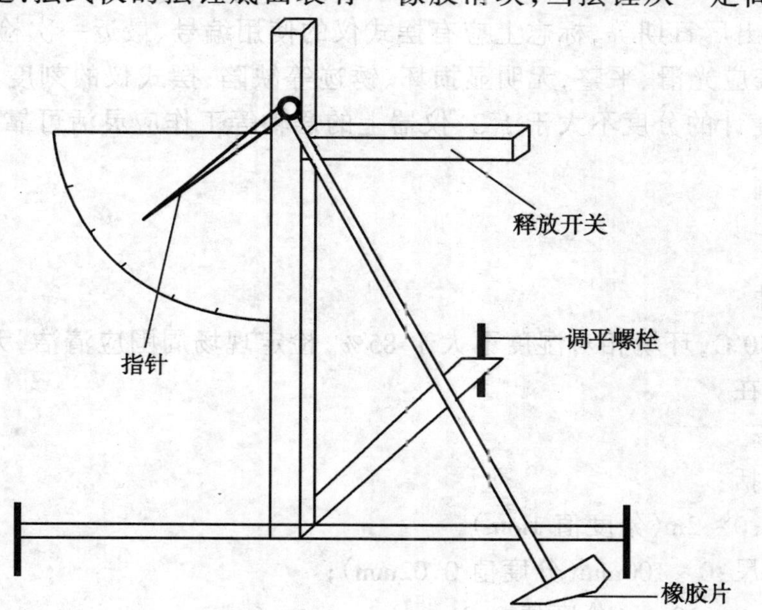

图 1 摆式仪结构示意图

滑块面同试验表面接触。由于两者间的摩擦而损耗部分能量,使摆锤只能回摆到一定高度,试验表面摩阻力越大,回摆高度越小。通过量测回摆高度,可以评定试验表面的摩阻力。

5 计量性能要求

5.1 摆式仪的摆及摆的连接部分总质量为(1500±30)g,摆动中心至摆的重心距离为(410±5)mm,摆的橡胶片端部距摆动中心的距离为508mm。

5.2 橡胶片对路面的正向静压力为(22.2±0.5)N。

5.3 用于测定路面抗滑值的橡胶片尺寸为(6.35±0.01)mm×(25.4±0.1)mm×(76.2±0.1)mm,用于测量加速磨光机试验后弧形试件抗滑值的橡胶片的尺寸为(6.35±0.01)mm×(25.4±0.1)mm×(31.5±0.1)mm。橡胶片质量应符合表1要求。

表1 橡胶物理性质技术要求

性质指标	温度 ℃				
	0	10	20	30	40
弹性(伸长率)(%)	43~49	58~65	66~73	71~77	74~79
邵氏硬度(HRC)	55±5				

5.4 标准量尺的长度为(126±1)mm,摆式仪的立柱与底座的夹角为90°±3°。

5.5 在对同一测试点进行的八次重复测试中,所得到的最大测试值与最小测试值的差不得大于3BPN,八次测量结果的标准差不应大于1.2BPN。

6 通用技术要求

6.1 摆式仪应有清晰的标牌、标志和合格证书。标牌上应标有摆式仪的名称、型号、出厂编号、制造厂名、出厂日期等,标志上应有摆式仪的使用编号、最近一次检定日期等。

6.2 摆式仪外表应光滑、平整,无明显损坏、锈迹等缺陷;摆式仪的刻度盘应清晰,无影响读数的缺陷;温度计的分度不大于1℃;仪器上的摆轴等工作应灵活可靠。

7 计量器具控制

7.1 检定条件

7.1.1 环境条件

温度0℃~40℃,环境相对湿度不大于85%,检定现场周围应清洁,无影响工作的振动和腐蚀性气体存在。

7.1.2 检定设备

检定设备包括:

a) 刻度尺:0~2m(分度值1mm);

b) 游标卡尺:0~100mm(分度值0.02mm);

c) 千分尺:0~10mm(分度值0.01mm);

d) 天平1架:0~2000g(分度值1g);

e） 砝码（与天平配套）：一套（M_2 级），单位为 g；

f） A 型邵氏硬度计：0°～100°（分度值 1°）；

g） 橡胶弹性仪：0～200mm（分度值 1mm）；

h） 压力标尺（含三角架）：0～5000g（分度值 1g）；

i） 质心标定支点一个。

7.2 检定项目及检定方法

7.2.1 检定项目

摆式仪的检定项目见表 2，检定记录格式见附录 A。

表 2 检定项目一览表

检定项目		首次检定	后续检定	使用中检验
外观		+	+	-
摆及摆连杆质量		+	+	+
摆上橡胶片端部距摆动中心距离		+	+	+
摆动中心距摆的重心距离		+	+	+
正向静压力		+	+	+
标准量尺长度		+	+	+
立柱与底座夹角		+	+	+
橡胶片物理参数	尺寸	+	+	-
	弹性	+	+	-
	邵氏硬度	+	+	-

注："+"表示需要检定（检验），"-"表示不需要检定（检验）。

7.2.2 通用技术要求的检定

通过目测、手感进行检查，其结果应符合 6.1、6.2 的要求。

7.2.3 基本物理参数的检定

7.2.3.1 摆及摆的连接部分的质量

将拆开的摆式仪的摆及摆的连接部分置于天平上，测出两者的质量总和，重复试验三次，取其平均值作为两者的质量总和，其结果应符合 5.1 的要求。

7.2.3.2 摆的重心距摆动中心的距离

将连接螺母置于摆臂的远端，将装有滑溜的摆置于图 2 所示的刀口上，找出平衡点，然后旋进或旋出衡锤，直到摆壳边部水平为止，并将平衡点作一记号，此平衡点即为摆的重心。然后用尺量出摆动中心至摆的重心的距离。重复试验三次，取其平均值作为检定结果，其结果应符合 5.1 的要求。

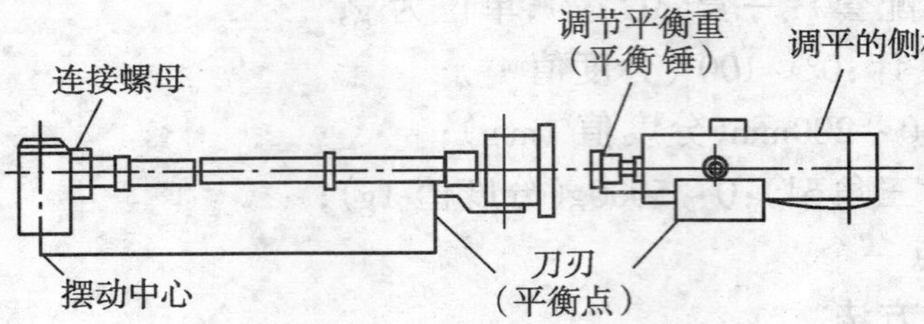

图 2　摆的重心位置的确定方法

7.2.3.3　摆上橡胶片端部距摆动中心的距离

用尺量出摆上橡胶片端部距摆动中心的距离，并根据测试结果调整止滑螺丝，重复试验三次，再取其平均值作为检定结果，其值应符合 5.1 的要求。

7.2.4　橡胶片的正向静压力检定（见图 3）

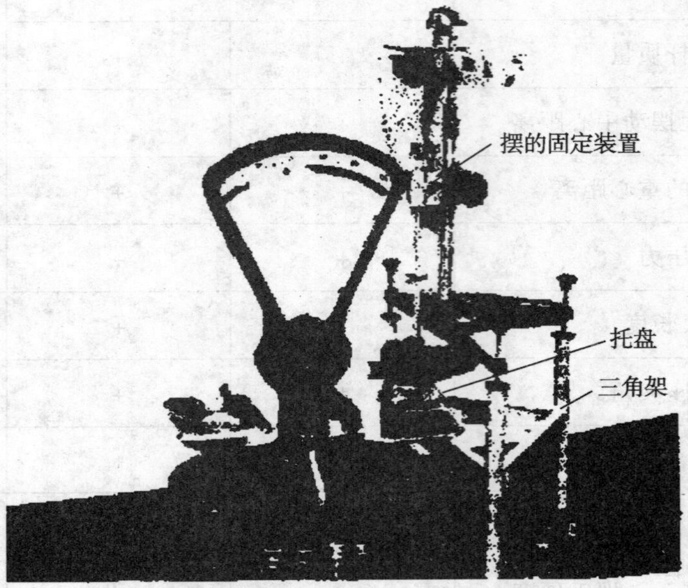

图 3　橡胶片的正向静压力检定示意图

7.2.4.1　放松摆式仪滑溜块固定螺母，并使两螺母并紧，以保证滑溜块能绕自身的轴转动，而在轴上的窜动量不大于 0.2mm。

7.2.4.2　将压力标尺平置于实验台上，调平使指针指中，此时压力标尺左右称盘处于空载平衡状态。

7.2.4.3　把三角架置于右侧称盘的后部，摆式仪放在三角架上。用夹将摆杆固定在立柱上，使滑溜块橡胶片下端对准右称盘中部并压下 3mm ~ 5mm，以便摆式仪与右称盘保持接触。

7.2.4.4　在左称盘中加1g重量，使天平稳定（此时天平指针指向右方），然后调节天平底座调平螺丝，使指针对准右方 20mm，并注意应保持天平水准泡居中。

7.2.4.5　在左侧称盘上加砝码，使指针回零，则天平重新恢复平衡。

7.2.4.6　清点左称盘的砝码，其总质量应为(2863 ± 64)g，此时橡胶片对路面的正向静压力满足 5.2 的要求。

7.2.5　橡胶片技术性能的检定

7.2.5.1 分别用游标卡尺或千分尺量出橡胶片的尺寸大小，每个橡胶片重复测量 3 次，取其算术平均值作为测量结果，其结果应符合 5.3 的要求。

7.2.5.2 按照 GB/T 531—1992，用 A 型邵氏硬度计测量橡胶片的硬度；按照 GB/T 1686—85，用橡胶弹性仪测定橡胶的弹性；用温度计测量温度，其结果应符合表 1 的要求。橡胶弹性（伸长率）的计算公式为：

$$\varepsilon = \frac{l_{max} - l_0}{l_0} \tag{1}$$

式中：l_0——橡胶片的原始长度（mm）；

l_{max}——橡胶片最大弹性长度（mm）。

7.2.6 标准量尺长度和立柱垂直度的检定

用刻度尺测量标准量尺的长度，重复三次，取其平均值作为标准量尺的长度。将水准泡居中，量出第 i 个螺栓与立柱底端的距离 l_{i1}，再沿着立柱的轴线取一点，量出其与立柱底端的距离 l_{i2}，最后量出第 i 个螺栓与该点的距离 l_{i3}，则立柱与底座的夹角 $\varphi_i(i=1,2,3)$ 的值为：

$$\varphi_i = \arccos\frac{l_{i1}^2 + l_{i2}^2 - l_{i3}^2}{2l_{i1}l_{i2}} \tag{2}$$

式中：l_{i1}——第 i 个螺栓与立柱底端的距离，mm；

l_{i2}——立柱轴线上一点与立柱底端的距离，mm；

l_{i3}——第 i 个螺栓与立柱轴线上一点的距离，mm。

标准量尺的长度和立柱与底座夹角的大小应符合 5.4 的要求。

7.2.7 仪器重复性检定

7.2.7.1 按照 JTJ 059—95 中 T 0991—95 的规定，决定测点所在横断面位置。测点应选在行车车道的轮迹带上，距路面边缘距离不应小于 1m，并用粉笔作出标记。

7.2.7.2 用调平后的摆式仪对同一测试地点进行 n 次（$n \geqslant 8$）重复检测，对所得到的结果进行处理，所得的最大测试值差值和标准差应符合 5.5 的要求。测试结果的最大测试值差值和标准差的计算公式如下：

$$\text{最大测试值差值} = \mathrm{Max}\{X_1, X_2, \cdots, X_n\} - \mathrm{Min}\{X_1, X_2, \cdots, X_n\} \tag{3}$$

$$S = \sqrt{\frac{1}{n}\sum_{i=1}^{n}(X_i - \bar{X})^2} \tag{4}$$

$$\bar{X} = \frac{1}{n}\sum_{i=1}^{n}X_i \tag{5}$$

式中：X_i——第 i 次测试值（BPN）；

$\bar{X}$——n 次测试值算术平均值（BPN）；

S——标准差（BPN）；

n——测试次数；

Max{.}——取最大值函数；

Min{.}——取最小值函数。

7.3 检定结果处理与检定周期

7.3.1 检定结果处理

经检定合格的摆式仪出具合格证书，不合格的出具测试结果通知书。检定证书背面格式见附录B。

7.3.2 检定周期

摆式仪检定周期一般为一年，但在使用过程中对检测结果发生怀疑时，可随时进行相应项目的检验，检验程序可参照7.2。若检验不合格，应提前进行检定。

附录 A

检定记录格式

表 A.1 摆式摩擦系数测定仪检定记录表

<table>
<tr><td>委托单位</td><td></td><td>规格型号</td><td></td><td>生产厂家</td><td colspan="2"></td></tr>
<tr><td>出厂编号</td><td></td><td>出厂日期</td><td></td><td>使用编号</td><td colspan="2"></td></tr>
<tr><td>环境温度</td><td></td><td>湿度</td><td></td><td>上次检定时间</td><td colspan="2"></td></tr>
<tr><td>序号</td><td colspan="3">检定项目</td><td colspan="2">检定记录</td><td>备注</td></tr>
<tr><td>1</td><td colspan="3">外观</td><td colspan="2"></td><td></td></tr>
<tr><td>2</td><td colspan="3">温度计分度，℃</td><td colspan="2"></td><td></td></tr>
<tr><td rowspan="3">3</td><td colspan="3" rowspan="3">摆及摆的连接部分总质量，g</td><td>1</td><td></td><td rowspan="3"></td></tr>
<tr><td>2</td><td></td></tr>
<tr><td>3</td><td></td></tr>
<tr><td rowspan="3">4</td><td colspan="3" rowspan="3">摆动中心距摆的重心距离，mm</td><td>1</td><td></td><td rowspan="3"></td></tr>
<tr><td>2</td><td></td></tr>
<tr><td>3</td><td></td></tr>
<tr><td rowspan="3">5</td><td colspan="3" rowspan="3">摆上橡胶片端部距摆动中心距离，mm</td><td>1</td><td></td><td rowspan="3"></td></tr>
<tr><td>2</td><td></td></tr>
<tr><td>3</td><td></td></tr>
<tr><td>6</td><td colspan="3">正向静压力，N</td><td colspan="2"></td><td></td></tr>
<tr><td rowspan="9">7</td><td rowspan="9">橡胶片尺寸，mm</td><td colspan="2" rowspan="3">长度</td><td>1</td><td></td><td rowspan="9"></td></tr>
<tr><td>2</td><td></td></tr>
<tr><td>3</td><td></td></tr>
<tr><td colspan="2" rowspan="3">宽度</td><td>1</td><td></td></tr>
<tr><td>2</td><td></td></tr>
<tr><td>3</td><td></td></tr>
<tr><td colspan="2" rowspan="3">厚度</td><td>1</td><td></td></tr>
<tr><td>2</td><td></td></tr>
<tr><td>3</td><td></td></tr>
</table>

续上表

序号	检定项目		检定记录		备注
8	橡胶片硬度，HRC				
9	橡胶片弹性，%	l_{max}			
		l_0			
10	标准量尺长度，mm		1		
			2		
			3		
11	立柱与底座夹角	φ_1	l_{11}		
			l_{12}		
			l_{13}		
		φ_2	l_{21}		
			l_{22}		
			l_{23}		
		φ_3	l_{31}		
			l_{32}		
			l_{33}		
12	路面抗滑性测试值，BPN		1		
			2		
			3		
			4		
			5		
			6		
			7		
			8		

检定员：　　　　核验员：　　　　检定时间：　　　　检定地点：

附录 B

检定证书背面格式

表 B.1　主要项目检定结果

<table>
<tr><th>序号</th><th colspan="2">检定项目</th><th>检定结果</th></tr>
<tr><td>1</td><td colspan="2">外观</td><td></td></tr>
<tr><td>2</td><td colspan="2">摆及摆的连接部分总质量，g</td><td></td></tr>
<tr><td>3</td><td colspan="2">橡胶片对路面的正向静压力，N</td><td></td></tr>
<tr><td>4</td><td colspan="2">摆动中心距摆的重心距离，mm</td><td></td></tr>
<tr><td>5</td><td colspan="2">摆上橡胶片端部距摆动中心距离，mm</td><td></td></tr>
<tr><td rowspan="3">6</td><td rowspan="3">橡胶片尺寸</td><td>长度，mm</td><td></td></tr>
<tr><td>宽度，mm</td><td></td></tr>
<tr><td>厚度，mm</td><td></td></tr>
<tr><td>7</td><td colspan="2">橡胶片硬度，HRC</td><td></td></tr>
<tr><td>8</td><td colspan="2">橡胶片弹性，%</td><td></td></tr>
<tr><td>9</td><td colspan="2">测试值最大差值，BPN</td><td></td></tr>
<tr><td>10</td><td colspan="2">测试值标准差，BPN</td><td></td></tr>
<tr><td>11</td><td colspan="2">标准量尺长度，mm</td><td></td></tr>
<tr><td>12</td><td colspan="2">温度计分度，℃</td><td></td></tr>
<tr><td rowspan="3">13</td><td rowspan="3">立柱与底座夹角</td><td>φ_1</td><td rowspan="3"></td></tr>
<tr><td>φ_2</td></tr>
<tr><td>φ_3</td></tr>
</table>

技术主管：　　　　　　　　检验员：　　　　　　检验号：

JJG

中华人民共和国交通部部门计量检定规程

JJG(交通)054—2004

加速磨光机

Accelerated Polishing Machine

2004-11-02 发布　　　　2005-02-01 实施

中华人民共和国交通部　发布

加速磨光机检定规程

1 范围

本规程适用于加速磨光机(以下简称磨光机)的首次检定、后续检定和使用中的检验。

2 引用文献

本规程引用下列文献：

《JT/T 3159—1993 加速磨光机技术条件》

《JT/T 3161—1993 摆式摩擦系数测定仪技术条件》

使用本规程时应注意使用上述引用文献的现行有效版本。

3 术语

3.1 初始摩擦值 initial friction value

试件在磨光机上被磨光前,在摆式摩擦系数测定仪上所测得的初始读数。

3.2 磨光值 polish value

以规定形状的试件,在磨光机上通过加荷及加水和粗、细两种金刚砂先后分别按规定时间磨光后在摆式摩擦系数测定仪上所测得的磨光状态数据。

4 概述

磨光机为评定集料磨光性能试验的一种专用设备。其工作原理是将按标准制作的试件安装在磨光机的道路轮上,正向压上橡胶轮,通过加水和粗、细两种金刚砂,以一定的负载和时间旋转磨光试件,模拟在沥青路面中使用的粗集料在车轮运行时的磨光作用。经磨光的试件用按 JT/T 3161—1993 标准制造的摆式摩擦系数测定仪来测定磨光值。磨光机由道路轮、橡胶轮、机座、喂砂机构、加荷装置、动力装置等组成(见图 1)。

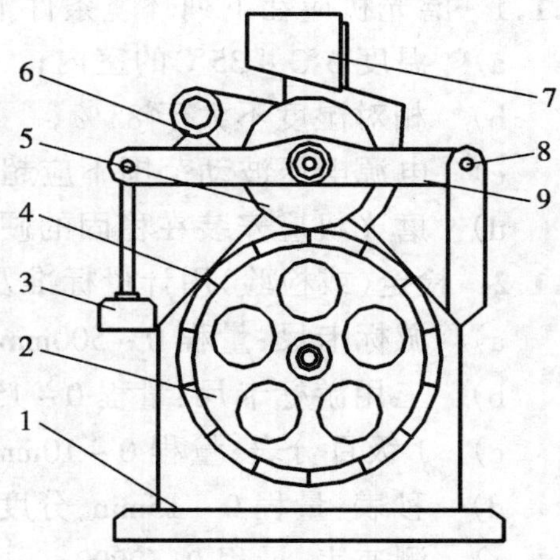

图 1 磨光机结构示意图

1-机座;2-道路轮;3-配重;4-端板;5-橡胶轮;6-电机;7-喂砂装置;8-杠杆支点轴;9-杠杆

5 计量性能要求

5.1 道路轮

5.1.1 道路轮外径为 $\phi 406^{+0.4}$mm,宽度为 $44^{+0.2}$ mm。

5.1.2 道路轮旋转时外径对轴心的跳动不大于 0.08 mm,两侧端面对轴心的跳动不大于 0.05 mm。

5.1.3 道路轮工作时的转速为(320 ± 5)r/min。

5.2 橡胶轮

5.2.1 橡胶轮外径为 $\phi 203^{+1}_{-2}$mm,顶部宽度为(44 ± 0.4)mm。

5.1.2 橡胶轮橡胶硬度为(55 ± 5)RHD。

5.3 喂砂机构

5.3.1 喂砂机构能以(30±5)g/min 的速率注入 30 目的金刚砂。

5.3.2 喂砂机构能以(3±0.5)g/min 的速率注入 280 目的金刚砂。

5.3.3 喂砂机构能以 50mL/min～75mL/min 的速率注入自来水。

5.4 加荷装置

加荷装置的杠杆支点转动应灵活。杠杆上的配重应能调节，保证橡胶轮对道路轮的正向压力为(400±5)N。

6 通用技术要求

6.1 外观技术要求

6.1.1 磨光机应有标牌、标志和合格证书。标牌上应有产品型号、规格、名称、生产厂商名称、生产编号和制造日期等内容。标志应标明实验室的使用编号和最近一次检定日期和许用期限。

6.1.2 磨光机表面应光滑、平整，无明显缺陷和锈蚀现象。

6.2 安全防护装置

道路轮与橡胶轮外侧面应有安全防护罩。

7 计量器具控制

7.1 检定条件

7.1.1 磨光机应在下列环境条件下检定

a） 温度 5℃～35℃的室内；

b） 相对湿度不大于 85%；

c） 电源电压波动范围不应超过额定电压的±10%，频率(50±1)Hz；

d） 磨光机应安装在稳固的硬基础上。

7.1.2 检定(或检验)用计量标准及配套设备

a） 游标卡尺：量程 0～500mm，分度值 0.05 mm；

b） 三用游标卡尺：量程 0～150mm，分度值 0.02 mm；

c） 1 级百分表：量程 0～10mm，分度值 0.01 mm 及磁性表座；

d） 秒表：量程 0～15min，分度值 0.01s；

e） 测速表：量程 0～9999r/min，分度值 1 r/min；

f） 橡胶硬度计：0～100RHD，分度值 1RHD；

g） 量筒：容量 200 mL，分度值 1 mL；

h） 天平秤 ：量程 0～500g，感量 0.1g；

i） 干湿温度计；

j） 绝缘电阻测量仪(兆欧表)；

k） 声级计：量程 0～100dB(A)，分度值 1dB(A)；

l） 手提拉力测试仪：量程 0～500N、1 级精度；

m） 30 目金刚砂 500 g；

n） 280 目金刚砂 200 g。

7.2 检定项目

磨光机的检定项目见表 1，检定记录格式见附录 A。

表 1 检定项目一览表

序号	检定项目	首次检定	后续检定	使用中检验
1	道路轮外径和宽度	+	+	+
2	道路轮旋转时外径和端面对轴心的跳动	+	+	−
3	道路轮工作时的转速	+	+	+
4	橡胶轮外径和顶部宽度	+	+	+
5	橡胶轮橡胶硬度	+	+	−
6	30 目金刚砂的注砂速率	+	+	+
7	280 目金刚砂的注砂速率	+	+	+
8	注水速率	+	+	+
9	加荷压力	+	+	+
10	标牌及标志内容	+	+	+
11	外观表面质量	+	−	−
注："＋"表示检定（或检验）；"－"表示不需要检定（或检验）。				

7.3 检定方法

7.3.1 道路轮的检定

7.3.1.1 道路轮的外径用游标卡尺测量，宽度用三用游标卡尺测量，目测三等分测量三次，均应符合 5.1.1 的规定。

7.3.1.2 将百分表安装在磁性表架上，表架吸在磨光机的机体上，用百分表测量触头分别与道路轮外径和两端面外缘接触，初始接触值读数应略大于 0.5mm，调整百分表表盘零位后转动道路轮一周，分别观察百分表读数，其跳动误差应符合 5.1.2 的规定。

7.3.1.3 道路轮转速测量时，将测速表所附反光膜粘贴于道路轮端面外缘处，启动电机，待道路轮匀速转动时，用测速表对准反光膜转动轨迹，读取所示转速数据，应符合 5.1.3 的规定。

7.3.2 橡胶轮的检定

7.3.2.1 橡胶轮外径用游标卡尺测量，顶部宽度用三用游标卡尺测量，目测三等分测三次，均应符合 5.2.1 的规定。

7.3.2.2 橡胶轮橡胶硬度用橡胶硬度计垂直于橡胶轮外径切线方向测量，目测三等分测三次，均应符合 5.2.2 的规定。

7.3.3 喂砂机构的检定

7.3.3.1 先将量筒放在天平秤上称取质量，精确至 0.1g，将 30 目的金刚砂倒入贮砂斗中，然后调节贮砂斗调节阀板的开度，一手握量筒，一手握秒表，启动秒表的同时将量筒置于阀板出口处，60s 后量筒移出放在天平秤上称取质量，将该质量减去量筒的质量后，应符合

5.3.1 的规定。

7.3.3.2 将 280 目的金刚砂倒入贮料斗中，调节阀板开度，用量筒、秒表按照 7.3.3.1 的程序检定，应符合 5.3.2 的规定。

7.3.3.3 磨光机的放水嘴前端用塑料管或橡胶管接入自来水，调节放水嘴的开度使自来水均匀流下，一手持量筒，一手持秒表，启动秒表的同时将量筒置于放水嘴下部，使水全部流入量筒内，60s 后量筒移出，观察量筒中水的容量，应符合 5.3.3 的规定。

7.3.4 加荷装置的检定

将手提拉力测试仪钩住橡胶轮的中心，使其受力中心通过轮轴并与地面垂直，使杠杆与地面平行，称取其重量，应符合 5.4 的规定。

7.3.5 外观技术要求的检查

外观技术要求采用目测方法检查，应符合 6.1 的规定。

7.4 检定结果的处理和检定周期

7.4.1 经检定合格的磨光机出具检定合格证书，合格证书背面格式见附录 B。不合格的出具检定结果通知书，并注明不合格项目。

7.4.2 磨光机的检定周期一般为一年，但在使用过程中对检测结果产生怀疑时，可以进行相应项目的使用中检验。若检验不合格，应提前进行检定。

附录 A

检定记录格式

表 A.1　加速磨光机检定记录

受检单位		设备型号			制造厂名			
出厂编号		出厂日期			使用编号			
检定时温度	℃	检定时湿度	%		上次检定时间			
序号	检定项目	检定记录						结果
1	道路轮外径 $\phi 406^{+0.4}$mm	D_{d1}		D_{d2}		D_{d3}		
	道路轮宽度 $44^{+0.2}$mm	W_{d1}		W_{d2}		W_{d3}		
2	道路轮外径对轴心的跳动不大于 0.08mm							
	道路轮端面对轴心的跳动不大于 0.05mm							
3	道路轮工作时转速(320 ± 5)r/min							
4	橡胶轮外径 $\phi 203^{+1}_{-2}$mm	D_{x1}		D_{x2}		D_{x3}		
	橡胶轮顶部宽度 44 ± 0.4mm	W_{x1}		W_{x2}		W_{x3}		
5	橡胶轮橡胶硬度(55 ± 5)RHD							
6	30 目金刚砂的注砂速率(30 ± 5)g/min							
7	280 目金刚砂的注砂速率(3 ± 0.5)g/min							
8	注水速率 50mL/min ~ 75mL/min							
9	橡胶轮对道路轮的正向静压力(400 ± 5)N							
10	标牌及标志内容							
11	外观表面质量							
说明：								

检定员：　　　　核检员：　　　　检定时间：　　　　检定地点：

附录 B

检定证书背面格式

表 B.1 主要项目检定结果

检 测 项 目	技 术 要 求	实 测 值
道路轮外径，mm	$\phi406^{+0.4}$	
道路轮宽度，mm	$44^{+0.2}$	
道路轮外径对轴心的跳动，mm	≤0.08	
道路轮端面对轴心的跳动，mm	≤0.05	
道路轮工作时转速，r/min	320±5	
橡胶轮外径，mm	$\phi203^{+1}_{-2}$	
橡胶轮宽度，mm	44±0.4	
橡胶轮对道路轮的正向静压力，N	400±5	
橡胶轮橡胶硬度，RHD	55±5	
备注：		

技术主管： 检验员： 核验员：

JJG

中华人民共和国交通部部门计量检定规程

JJG（交通）055—2004

沥青标准粘度计

Standard Viscometer of Bituminous Materials

2004-11-02 发布　　2005-02-01 实施

中华人民共和国交通部 发布

沥青标准粘度计检定规程

1 范围

本标准适用于道路沥青标准粘度计(以下简称粘度计)的首次检定、后续检定和使用中的检验。

2 引用文献

本规程引用下列文献：

《JJF 052—2000 公路工程沥青及沥青混合料试验规程》

使用本规程时应注意使用上述引用文献的现行有效版本。

3 术语

3.1 沥青标准粘度 standard viscosity of bitumen

在一个特定的盛样杯中,盛装规定数量的沥青样品,在规定的温度下,样品通过规定流孔,流出规定体积量所需要的时间。

3.2 沥青标准粘度单位 unit of standard viscosity of bitumen

与特定检测温度和检测孔径联系在一起的时间单位,单位为秒(s)。

4 概述

粘度计是测定液体石油沥青、煤沥青和乳化沥青等材料流动状态时粘度的仪器。其基本原理是:在试验温度下,试样从粘度计的盛样管中流出 50mL 所经过的时间,以秒(s)计,即为该试样的粘度。粘度计盛样管流孔的孔径有 3,4,5,10mm 四种。可根据沥青材料的种类和稠度来选择试验温度及盛样管。用此法测定粘度应注明温度及流孔孔径,以 *CT*. *d* 表示(*T* 为试验温度,℃;d 为孔径,mm)。粘度计由盛样管、球塞、恒温水浴、温度计、搅拌器、接受瓶和秒表等组成(结构见图 1、图 2、图 3)。

5 计量性能要求

5.1 恒温水浴

水浴的控温允许偏差为 ±0.1℃。

5.2 盛样管

5.2.1 盛样管的内径为(40±0.05)mm。

5.2.2 盛样管的流孔直径有 3,4,5,10mm 四种,其允差均为 0.025mm;流孔的长度也均为(5±0.025)mm。

5.3 球塞

5.3.1 用于堵塞 10mm 流孔盛样管球塞的直径为(12.7±0.05)mm;标记高度为(92±0.25)mm。

5.3.2 用于堵塞 3,4,5mm 流孔盛样管球塞的直径为(6.35±0.05)mm;标记高度为(90.3±0.25)mm。

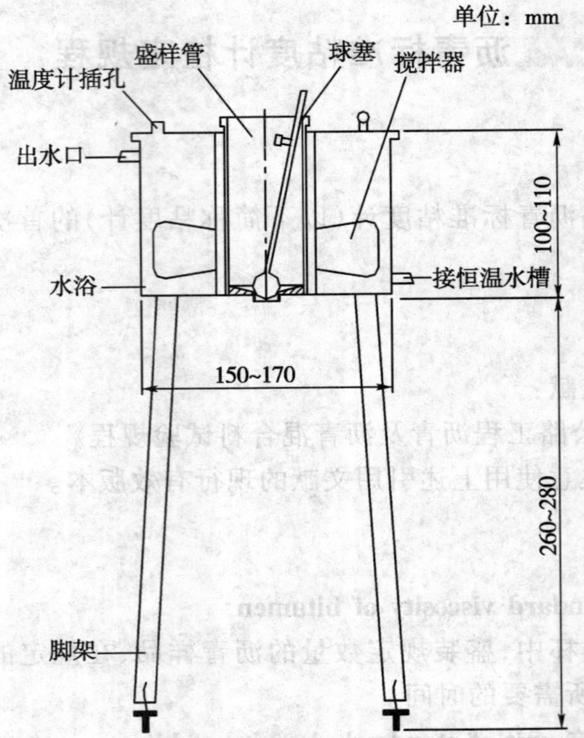

图 1　沥青标准粘度计结构示意图

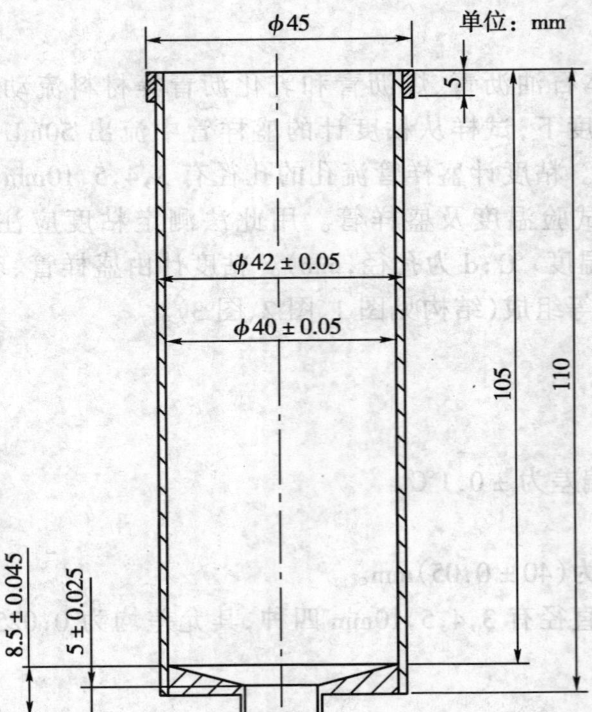

图 2　盛样管

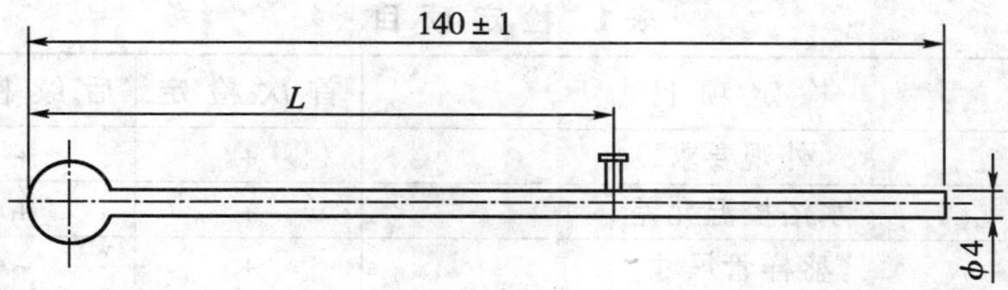

	d(mm)	L(mm)
1	12.7±0.05	92±0.25
2	6.35±0.05	90.3±0.25

图3 球塞

5.4 接受瓶

接受瓶的容量为100mL,在25,50,75,100mL处应有刻度,其允差为1mL;也可采用量入式量筒。

6 通用技术要求

6.1 粘度计应有标牌和标志,标牌上应有产品名称、型号、制造厂名、出厂编号和制造日期等内容。使用中的粘度计应有检定合格标志,标志上应有最近一次检定日期、有效期限和检定人员姓名等。

6.2 粘度计的外表、面板及零部件的表面处理应光滑、均匀且牢固,不应有明显的裂纹、起泡和脱落等损伤或缺陷。

6.3 粘度计水槽应无任何渗漏现象,且与恒温水槽中的水循环良好。

6.4 试样管的内壁应光滑整洁,无锈蚀。

6.5 粘度计各开关、按钮功能正常,操作灵活可靠。

7 计量器具控制

7.1 检定条件

7.1.1 粘度计检定应在无腐蚀性气体且无对流空气的室内进行。

7.1.2 检定用设备包括:

a) 游标卡尺:测量范围0~200mm,分度值0.02mm;

b) 深度尺:测量范围0~200mm,分度值0.02mm;

c) 径千分尺:测量范围0~25mm,分度值0.01mm;

d) 专用通止规:共四支,一端分别为3.025,4.025,5.025,10.025mm;另一端分别为2.975,3.975,4.975,9.975mm;

e) 温度计:测量范围0~100℃,分度值0.1℃;

f) 量 筒:测量范围0~200mL,公差为0.5mL;

g) 秒表:测量范围0~15min,分度值0.01s。

7.2 检定项目

检定项目如表1所示,检定记录格式见附录A。

表1 检定项目

序 号	检 定 项 目	首 次 检 定	后 续 检 定	使用中检验
1	外观要求	+	+	+
2	水浴控温允差	+	+	+
3	盛样管尺寸	+	−	−
4	盛样管流孔直径	+	+	−
5	球塞尺寸	+	−	−
6	接受瓶容量	+	−	−
注:“+”为需要检定项目;“−”为不需要检定项目。				

7.3 检定方法

7.3.1 外观及常规检查按通用技术要求,用目测及手感方法进行检查。

7.3.2 恒温水浴的检定

将循环恒温水浴的进出口与粘度计水槽的进出口用胶管接妥,使水流进行正常循环。检查时,试验温度一般设定为40℃和60℃两点,调整恒温水槽的试验温度,当温度达到设定的温度后至少恒温30min,然后用温度计进行测试。测试时,每隔2min记录一次温度值,共进行六次测试,并将记录数据按公式(1)计算。

$$\Delta t = (t_{\max} - t_{\min})/2 \tag{1}$$

式中:Δt——温度波动值(℃);

$t_{\max}$——测得的温度最高值(℃);

$t_{\min}$——测得的温度最低值(℃)。

检查结果应符合5.1的要求。

7.3.3 盛样管的检定

7.3.3.1 盛样管的内径用游标卡尺进行检测,目测三等分测三次,取平均值,结果应符合5.2.1的要求。

7.3.3.2 流孔直径3,4,5,10mm分别用相应的专用通止规进行检测,结果应符合5.3.2的要求。

7.3.3.3 流孔长度用深度尺检测,结果应符合5.2.2的要求。

7.3.4 球塞的检定

7.3.4.1 球塞直径用千分尺检测,目测三等分测三次,取平均值,结果应符合5.3的要求。

7.3.4.2 球塞标记高度用游标卡尺检测,结果应符合5.3的要求。

7.3.5 接受瓶的检定

用量筒测量接受瓶的容量,结果应符合5.4的要求。

7.4 检定结果处理

经检定符合本规程要求的粘度计发给检定证书,检定证书背面格式见附录B;不符合本规程要求的发给检定结果通知书,并指出不合格项目。

7.5 检定周期

检定周期一般为一年。但在使用过程中对检测结果产生怀疑时,可以进行相应项目的使用中检验,若检验不合格应提前进行检定。

附录 A

检定记录格式

表 A.1　沥青标准粘度计检定记录

<table>
<tr><td colspan="2">送检单位</td><td colspan="3"></td><td colspan="2">制造日期</td><td colspan="2"></td></tr>
<tr><td colspan="2">型号规格</td><td colspan="3"></td><td colspan="2">出厂编号</td><td colspan="2"></td></tr>
<tr><td colspan="2">制造厂名</td><td colspan="3"></td><td colspan="2">环境温度</td><td colspan="2"></td></tr>
<tr><td>序号</td><td colspan="3">检查项目</td><td colspan="4">实测数据</td><td>结 果</td></tr>
<tr><td>1</td><td colspan="3">外观</td><td colspan="4"></td><td></td></tr>
<tr><td rowspan="2">2</td><td colspan="2" rowspan="2">控制温度,℃</td><td>40</td><td colspan="4"></td><td></td></tr>
<tr><td>60</td><td colspan="4"></td><td></td></tr>
<tr><td rowspan="7">3</td><td rowspan="7">盛样管,mm</td><td></td><td></td><td>1</td><td>2</td><td>3</td><td>平均</td><td></td></tr>
<tr><td>内　径</td><td>40</td><td></td><td></td><td></td><td></td><td></td></tr>
<tr><td>流孔长度</td><td>5</td><td></td><td></td><td></td><td></td><td></td></tr>
<tr><td rowspan="4">流孔直径</td><td>3</td><td colspan="4"></td><td></td></tr>
<tr><td>4</td><td colspan="4"></td><td></td></tr>
<tr><td>5</td><td colspan="4"></td><td></td></tr>
<tr><td>10</td><td colspan="4"></td><td></td></tr>
<tr><td rowspan="5">4</td><td rowspan="5">球塞,mm</td><td></td><td></td><td>1</td><td>2</td><td>3</td><td>平均</td><td></td></tr>
<tr><td rowspan="2">I</td><td>球径</td><td></td><td></td><td></td><td></td><td></td></tr>
<tr><td>高度</td><td></td><td></td><td></td><td></td><td></td></tr>
<tr><td rowspan="2">II</td><td>球径</td><td></td><td></td><td></td><td></td><td></td></tr>
<tr><td>高度</td><td></td><td></td><td></td><td></td><td></td></tr>
<tr><td rowspan="4">5</td><td colspan="2" rowspan="4">接受瓶,mL</td><td>25</td><td colspan="4"></td><td></td></tr>
<tr><td>50</td><td colspan="4"></td><td></td></tr>
<tr><td>75</td><td colspan="4"></td><td></td></tr>
<tr><td>100</td><td colspan="4"></td><td></td></tr>
<tr><td colspan="3">检定结论</td><td colspan="6"></td></tr>
<tr><td colspan="3">备注</td><td colspan="6"></td></tr>
</table>

检定员：　　　　　　　　　　　　　　　　　　　　　　核验员：

检定时间：　　　　　　　　　　　　　　　　　　　　　检定地点：

附录 B

检定证书背面格式

表 B.1　主要项目检定结果

项　　目	技 术 要 求	实 测 数 据
控制温度	(40 ± 0.1)℃	
	(60 ± 0.1)℃	
盛样管	内径(40 ± 0.05)mm	
	流孔直径(3 ± 0.025)mm	
	流孔直径(4 ± 0.025)mm	
	流孔直径(5 ± 0.025)mm	
	流孔直径(10 ± 0.025)mm	
备注		

技术主管：　　　　　　　　检验员：　　　　　　　　核验员：

中华人民共和国交通部部门计量检定规程

JJG（交通）056—2004

沥青老化烘箱

Asphalt Aging Oven

2004-11-02 发布　　　　2005-02-01 实施

中华人民共和国交通部　发布

JJG

中华人民共和国交通部部门计量检定规程

JJG(交通)056—2004

沥青老化烘箱

Asphalt Aging Oven

2004-11-02发布　　2005-02-01实施

中华人民共和国交通部 发布

沥青老化烘箱检定规程

1 范围

本规程适用于沥青老化烘箱的首次检定、后续检定和使用中的检验。

2 引用文献

《JT/T 614—2004 沥青老化烘箱》

《JTJ 052—2000 公路工程沥青及沥青混合料试验规程》

使用本规程时，应注意使用上述引用文献的现行有效版本。

3 概述

沥青老化烘箱是按照 JT/T 614 制造，用于沥青薄膜加热试验的主要仪器。

沥青老化烘箱分为沥青薄膜烘箱和沥青旋转薄膜烘箱两类。其形状和尺寸分别如图 1、图 2 所示，主要由壁面耐热保温且上下带有进出气口的箱体、加热和自动温度控制装置、放置样品的转盘架和盛样皿(或盛样瓶)(见图 3、图 4)等组成。沥青旋转薄膜烘箱还设有空气强制对流和供气装置。沥青老化烘箱通过加热、自动温度控制和样品的转动等措施，给沥青试样提供一个符合一定温度要求的、均匀的恒温老化环境，以达到使沥青试样均匀老化的目的。

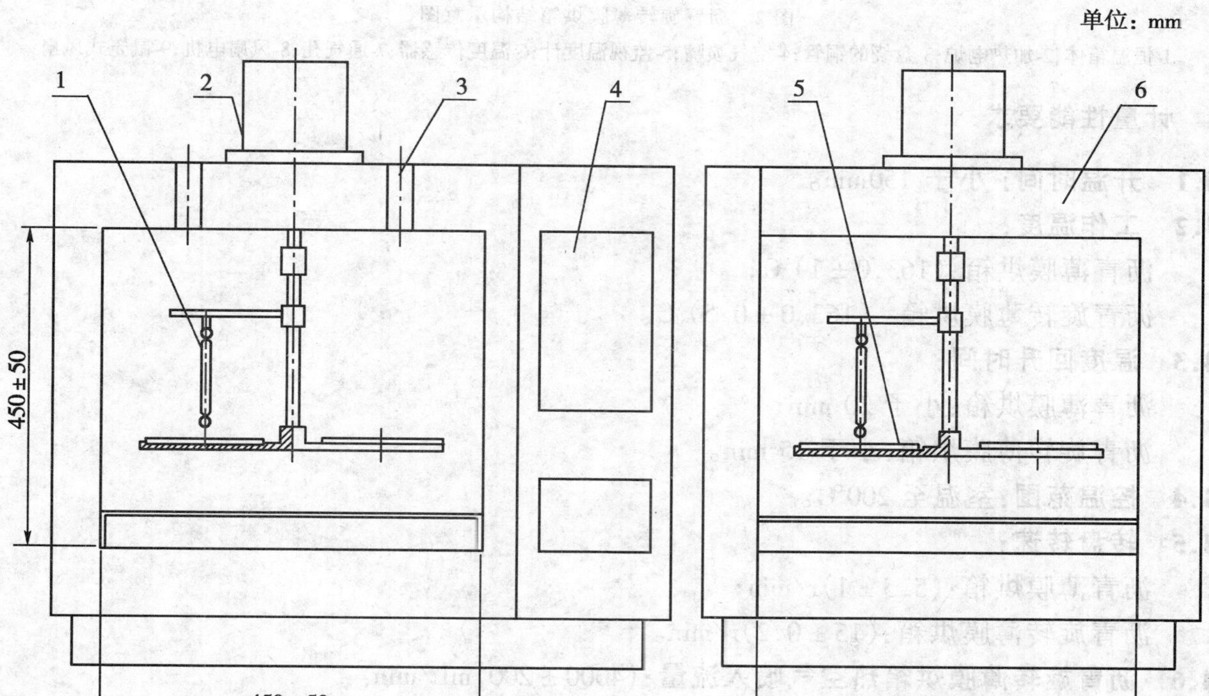

图 1 沥青薄膜烘箱结构示意

1-监视温度计；2-转盘电机；3-通气孔；4-温度控制装置；5-转盘；6-恒温箱体

单位：mm

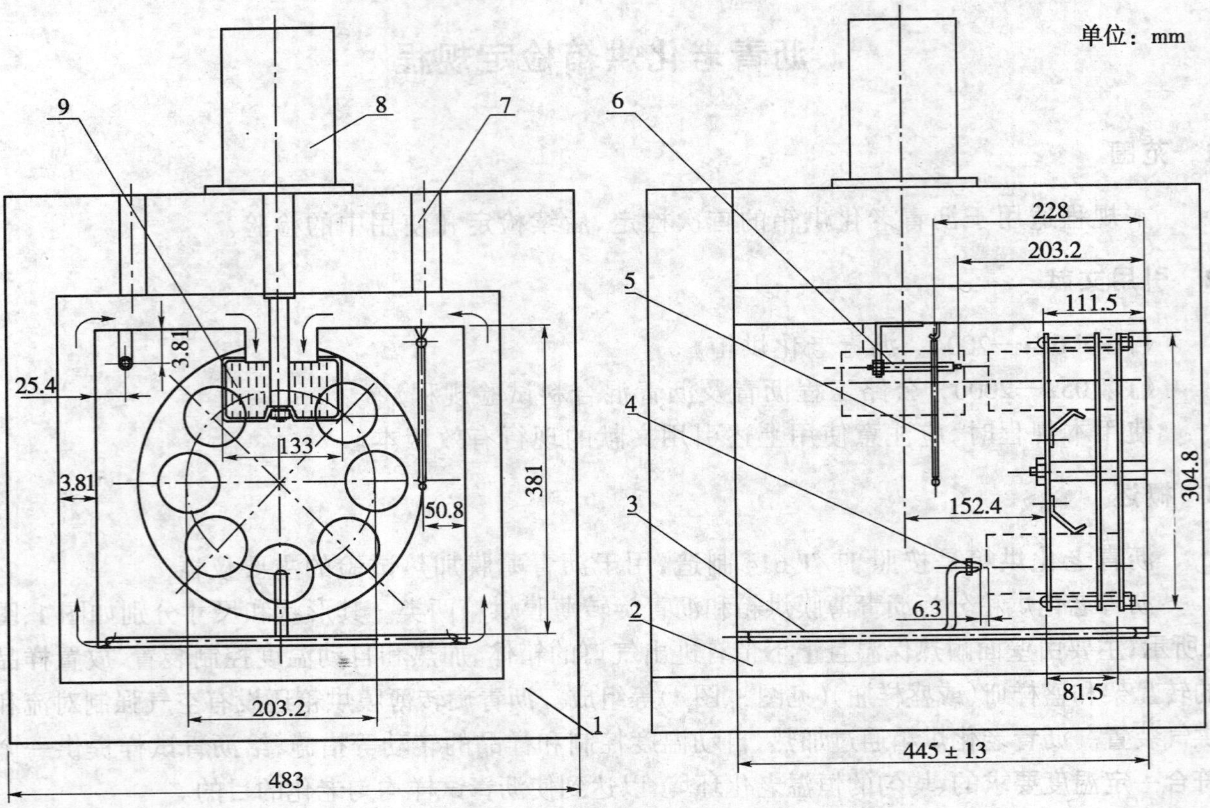

图 2　沥青旋转薄膜烘箱结构示意图

1-恒温箱体；2-加热电炉；3-盘绕的铜管；4-空气喷嘴；5-监视温度计；6-温度传感器；7-通气孔；8-风扇电机；9-鼠笼式风扇

4　计量性能要求

4.1　升温时间：小于 150min。

4.2　工作温度：

沥青薄膜烘箱：(163.0 ± 1)℃；

沥青旋转薄膜烘箱：(163.0 ± 0.5)℃。

4.3　温度回升时间：

沥青薄膜烘箱：小于 20 min；

沥青旋转薄膜烘箱：小于 15 min。

4.4　控温范围：室温至 200℃。

4.5　转盘转速：

沥青薄膜烘箱：(5.5 ± 1)r/min；

沥青旋转薄膜烘箱：(15 ± 0.2)r/min。

4.6　沥青旋转薄膜烘箱热空气喷入流量：(4000 ± 200)mL/min。

5　通用技术要求

5.1　外观质量

仪器应有清晰的铭牌，标有型号、制造厂名、出厂日期和出厂编号等。箱体平整，涂镀层完好、清洁。箱门启、闭灵活，锁紧可靠，密封性好。工作时不应有异常的声音，转动装置转动灵活平稳。电器部分操作灵活、显示清晰。

5.2 盛样皿和盛样瓶

盛样皿：铝或不锈钢制成，内表面平滑，尺寸如图3。

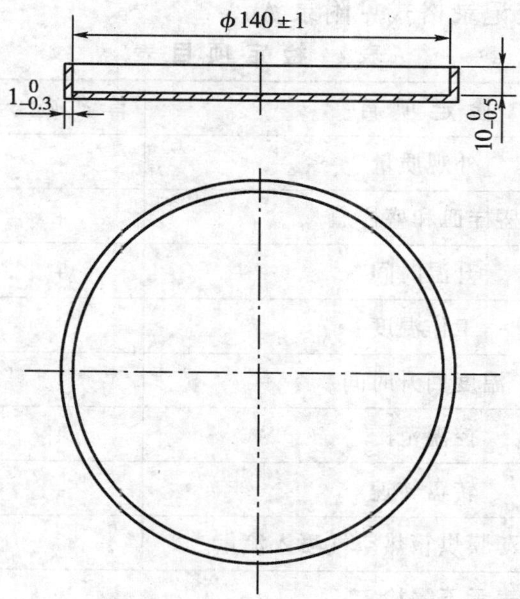

图3 盛样皿

盛样瓶：耐热玻璃制成，形状和尺寸如图4。

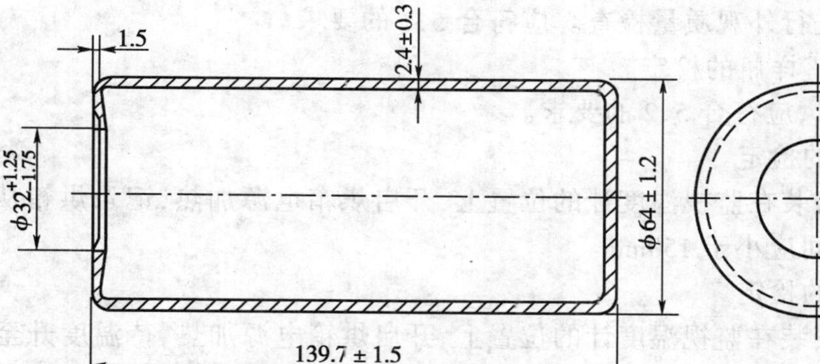

图4 盛样瓶

6 计量器具控制

6.1 检定条件

6.1.1 环境条件为：

a) 环境温度：室温；

b) 电源电压：AC(220±20)V，(50±1)Hz。

6.1.2 检定用具包括：

a) 标准温度计：测量范围0～200℃，分度值0.1℃；

b) 秒表：测量范围0～200min，分度值0.01s；

c) 游标卡尺（带深度测量）：测量范围0～200mm，分度值0.02mm；

d） 气体流量计：测量范围 0～10 000mL/min，分度值 100mL/min。

6.2 检定项目及检定方法

6.2.1 检定项目

检定项目见表 1，检定记录格式见附录 A。

表 1 检定项目表

序号	检定项目	首次检定	后续检定	使用中检验
1	外观质量	+	+	-
2	盛样皿和盛样瓶	+	+	+
3	升温时间	+	+	+
4	工作温度	+	+	+
5	温度回升时间	+	+	+
6	控温范围	+	+	+
7	转盘转速	+	+	+
8	沥青旋转薄膜烘箱热空气喷入流量	+	+	+
注：“+”表示需检定；“-”表示不需检定。				

6.2.2 检定方法

6.2.2.1 外观质量的检定

用目测和手感进行外观质量检查。应符合 5.1 的要求。

6.2.2.2 盛样皿和盛样瓶的检定

用游标卡尺测量，应符合 5.2 的要求。

6.2.2.3 升温时间的检定

将标准温度计安装在监视温度计的位置上，开启烘箱电源加热，记录烘箱从室温升至 163℃的时间。该时间应小于 150min。

6.2.2.4 工作温度的检定

将标准温度计安装在监视温度计的位置上，开启烘箱电源加热，待温度升至 163℃，温控器稳定工作后开始试验。观察 20min，记录温度最大值和最小值，其温度波动值应符合 4.2 的要求。

6.2.2.5 温度回升时间的检定

将标准温度计安装在监视温度计的位置上，开启烘箱电源加热，待温度稳定到 163℃后开始试验。打开箱门，开启角度为 90°，30s 后关闭箱门，开始计时至箱内温度回升到工作温度所用的时间，应符合 4.3 的要求。

6.2.2.6 控温范围的检定

将标准温度计安装在监视温度计的位置上，将控制温度设定在 200℃，开启烘箱电源加热至 200℃后，观察烘箱，应符合 4.4 的规定，且能稳定地工作在 200℃。

6.2.2.7 转盘转速的检定

在转盘上和靠近转盘的箱体上分别做一个标记点，启动烘箱待转盘转速稳定后开始测量，两个标记点重合一次作为一周，用秒表记录转盘转动 30 周的时间，共重复进行 3 次，取平均值，计算得到转盘的转速。转盘转速应符合4.5的规定。

6.2.2.8 沥青旋转薄膜烘箱热空气喷入流量的检定

将气体流量计串联在气泵和烘箱之间，使烘箱稳定工作后，读出气体流量计的示值，应符合4.6的要求。

7 检定结果和检定周期

7.1 经检定合格的沥青薄膜烘箱和沥青旋转薄膜烘箱出具检定证书；不合格的出具检定结果通知书，并注明不合格项目。检定证书背面格式见附录B。

7.2 沥青薄膜烘箱和沥青旋转薄膜烘箱的检定周期一般为一年。但在使用过程中对测量结果产生怀疑时，可以进行相应项目的使用中检验，若检验不合格，应提前进行检定。

附录 A

检定记录格式

表 A.1　沥青老化烘箱检定记录表

受检单位		仪器型号		出厂日期	
生产厂名		出厂编号		使用编号	
环境温度		湿度		上次检定时间	
序号	检定项目	单位	检定记录		备注
1	外观质量				
2	盛样皿或盛样瓶	mm			
3	升温时间	min			
4	工作温度	℃			
5	温度回升时间	min			
6	控温范围	℃			
7	转盘转速	r/min			
8	沥青旋转薄膜烘箱热空气喷入流量	L/min			

检定员：　　　　核验员：　　　　检定时间：　　　　检定地点：

附录 B

检定证书背面格式

表 B.1 主要项目检定结果

序号	检 定 项 目	单 位	检 定 结 果
1	外观质量		
2	盛样皿或盛样瓶	mm	
3	升温时间	min	
4	工作温度	℃	
5	温度回升时间	min	
6	控温范围	℃	
7	转盘转速	r/min	
8	沥青旋转薄膜烘箱热空气喷入流量	L/min	

技术主管： 核验员： 检验员：

JJG

中华人民共和国交通部部门计量检定规程

JJG(交通)057—2004

沥青软化点仪

Apparatus for Softening Point of Bitumen

2004-11-02 发布　　2005-02-01 实施

中华人民共和国交通部　发布

JJG

中华人民共和国交通部部门计量检定规程

JJG(交通)057—2004

沥青软化点仪

Apparatus for Softening Point of Bitumen

2004-11-02 发布　　2005-02-01 实施

中华人民共和国交通部　发布

沥青软化点仪检定规程

1 范围

本规程适用于检测道路用沥青软化点的各种类型沥青软化点仪的首次检定、后续检定和使用中检验。

2 引用文献

本规程引用下列文献：

《JTJ 052—T 0606 公路工程沥青及沥青混合料试验规程 沥青软化点试验(环球法)》

使用本规程时，应注意使用上述引用文献的现行有效版本。

3 概述

沥青是一种无定形的非晶体材料，没有明显的熔点温度，低温时凝固，受热后从硬固状态经过高弹性粘塑状态，再变为液化状态呈可流动性，用“软化点”表征沥青处于粘塑态时的一种条件温度，以评价沥青材料的热敏感性。通常测定沥青材料热敏感性的试验方法有“环球法”和“水银法”两种，JTJ 052—T0606 中道路用沥青试验普遍采用的方法为“环球法”。

沥青软化点仪是用于(环球法)测定沥青软化点的试验仪器。沥青软化点试验仪由底座、加热器、温度控制装置、玻璃烧杯、肩环、支撑板、钢球、钢球定位架、环支撑架和支架、温度计(或数显温度装置与温度传感器)等组成。人工读数简易型仪器的基本结构见图 1，数显半自动型仪器见图 2。

图 1 人工读数简易型沥青软化点仪

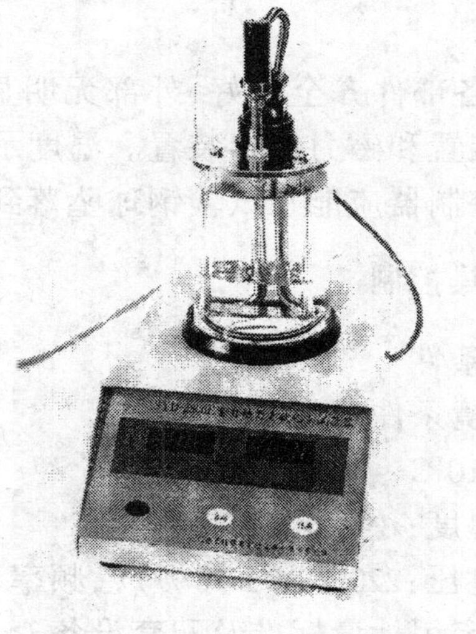

图 2 数显半自动型沥青软化点仪

4 计量性能要求

4.1 仪器零部件尺寸与质量

4.1.1 支撑架上肩环底部与下支撑板的距离应为 25.4mm，下支撑板距槽底应为 12.7mm ~ 19.0mm。

4.1.2 肩环：上径（19.8 ± 0.1）mm，下径（15.9 ± 0.1）mm，高（6.4 ± 0.1）mm。

4.1.3 钢球：直径 9.5mm，质量（3.50 ± 0.05）g。

4.1.4 钢球定位架：定位孔直径 $9.5^{+0.05}_{0}$ mm ~ $9.53^{+0.05}$ mm。三针式钢球定位架结构见图 3。

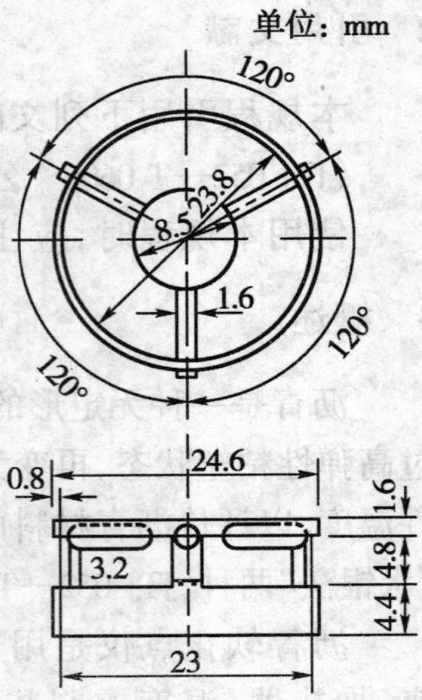

图 3 三针式钢球定位架结构示意图

4.2 温度计或数显测温装置

4.2.1 仪器的玻璃水银温度计测量温度范围：0 ~ 80℃（适用于水浴工作段）；0 ~ 180℃（适用于甘油介质工作段）。分度值应优于 0.5℃。

4.2.2 数显测温装置的传感器应便于在支架上定位，传感器与显示部分连接可靠，测量范围：0 ~ 200℃，最小显示单位 0.1℃。

4.2.3 温度示值误差应小于 0.5℃。

4.3 仪器的升温速率

仪器对介质液体加热稳定后的升温速率应满足（5 ± 0.5）℃/min。

4.4 玻璃浴槽容积

仪器所配浴槽应为透明耐热玻璃容器，其内径不小于 85mm，离加热底部的深度不小于 120mm，其容量应在 800mL ~ 1000mL。

5 通用技术要求

5.1 仪器应有清晰的标志、标牌和合格证书，标明生产厂名（商标）、出厂编号和生产日期。

5.2 仪器各部件齐全完好，外部无明显损伤和缺陷，加热部分工作安全、正常，应有调控加热功率装置和磁力搅拌装置。温度示值显示正确，无缺少笔画和跳动现象，数显半自动型仪器的控制器应能在试验钢球坠落到与下层底板同一高度时，及时锁定温度示值。

6 计量器具控制

6.1 检定条件

6.1.1 环境条件

室温：10℃ ~ 30℃。

相对湿度：小于 85%。

供电电压：220 ×（1 ± 10%）V，频率 50 ×（1 ± 20%）Hz。

6.1.2 检定用计量标准及配套设备

标准温度计：量程分段满足 0 ~ 200℃，分度值为 0.1℃。

外径千分尺：量程为 0 ~ 25mm，分度值 0.01mm。

游标卡尺：量程为 0 ~ 200mm，分度值 0.02mm。

专用通止规：两段直径分别为9.55mm、9.58mm。

必要时可配数字式投影仪：量程 X 为0～150mm，(10±25L)μm。

天平：称量范围0～100g，分度值0.01g。

称表：分度值为0.1s。

量筒：1000mL。

6.2 检定项目与检定方法

6.2.1 检定项目：沥青软化点仪检定项目见表1。检定记录表格式见附录A。

表1 检定项目一览表

检定项目	首次检定	后续检定	使用中检验
通用技术要求检查	+	+	－
支撑架与下支撑板距离	+	－	－
肩环几何尺寸	+	+	－
钢球质量与几何尺寸	+	+	+
钢球定位架几何尺寸	+	+	－
温度计示值误差	+	+	+
升温速率	+	+	+
浴槽容积	+	+	－
注："+"为应检项目；"－"为不检项目。			

6.2.2 检定方法

6.2.2.1 通用技术要求

目测与手摸检查，仪器的各部件完整齐全，配套的电加热装载连接安全可靠，工作正常，仪器的通用技术要求应符合5.1和5.2的要求。

6.2.2.2 支撑架与下支撑板距离

用卡尺测量支撑架上肩环底部与下支撑板的距离，应符合4.1.1的要求。

6.2.2.3 肩环几何尺寸

用卡尺测量肩环几何尺寸，测三次，取平均值，应符合4.1.2的要求。

6.2.2.4 钢球质量与几何尺寸

钢球应光洁无锈迹，用天平称量钢球质量，分别称量三次，取平均值；用卡尺或外径千分尺测量钢球直径，同样取三次平均值；应符合4.1.3的要求。

6.2.2.5 钢球定位架几何尺寸

用专用通止规或游标卡尺(数字式投影仪)测量定位孔直径几何尺寸，测量三次，取平均值；应符合4.1.4的要求，专用通止规见图4。

6.2.2.6 温度计示值误差

在恒温水浴槽中用标准温度计与仪器温度计置于同一深度位置，在 5℃～80℃（加热介质为纯水时）或 30℃～157℃（加热介质为甘油时）范围内均匀选取 3 个～6 个测量点，分别测量三次，各点读数平均值，应符合 4.2.3 的要求。

数字式仪器应先开机预热稳定后方可进行检定。

单位：mm

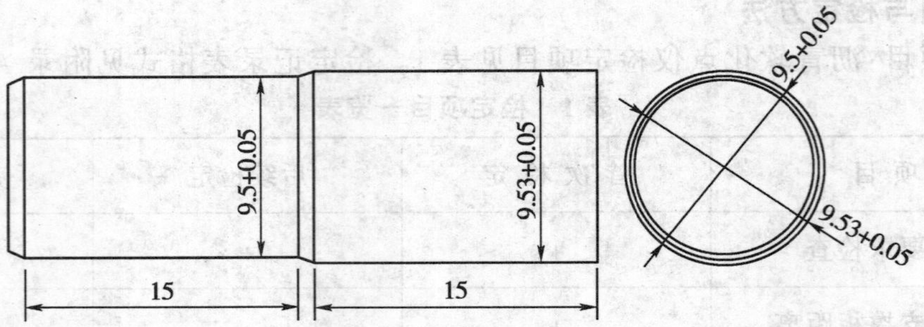

图 4　专用通止规

6.2.2.7　介质升温速率

按 JTJ 052—T 0606 试验规程要求，玻璃杯加水，记录起始水温，起动加热设备同时用秒表记录时间，3，8，13min 时读取水的温度，重复三次，取三次算术平均值后，分别计算从第三分钟至第八分钟和第十三分钟时的水温加热速度，应符合 4.3 的要求。否则，应反复调节加热功率直到符合该条要求。

6.2.2.8　玻璃水浴容器容积

用量筒量取 800mL 与试验要求水质相同的水，测量玻璃水浴容器容积是否满足 4.4 的要求。

6.3　检定结果的处理与检定周期

6.3.1　6.2.2.3～6.2.2.5 的计算均按公式（1）进行：

$$X = \sum X_i / 3 \quad i = 1、2、3 \tag{1}$$

式中：X——测量结果的算术平均值。

6.3.2　6.2.2.6 的计算按公式（2）进行：

$$Y = \sum Y_i(标)/3 - \sum Y_i(检)/3 \tag{2}$$

式中：Y——测量比对结果的算术平均值（℃）；

Y_i（标）——第 i 次标准温度计示值（℃）；

Y_i（检）——第 i 次被检温度计示值（℃）。

6.3.3　6.2.2.7 的计算按公式（3）进行：

$$T_S = \frac{\sum(t_i - t_0)/T}{3} \tag{3}$$

式中：T_S——测量结果的算术平均值（℃/min）；

t_0——加热阶段初始介质温度（℃）；

t_i——加热过程中阶段性温度示值（℃）；

T——介质温度从 t_0 上升到 t_i 的时间（s）。

检定原始记录表见附录 A。

6.3.4 检定结果

经检定各项目均满足本规程技术要求的沥青软化点仪，发给检定证书；不符合本规程技术要求的仪器，发给检定结果通知书，并指出不符合项。检定证书背面格式见附录B。

6.3.5 检定周期

沥青软化点仪的检定周期一般不超过一年，使用中检验可根据具体情况随时进行。

附录 A

检定记录格式

表 A.1　沥青软化点仪检定记录表

<table>
<tr><td colspan="2">送检单位</td><td colspan="3"></td><td>检定日期</td><td></td></tr>
<tr><td colspan="2">型号规格</td><td colspan="3"></td><td>出厂编号</td><td></td></tr>
<tr><td colspan="2">生产厂家</td><td colspan="3"></td><td>出厂日期</td><td></td></tr>
<tr><td rowspan="2">序号</td><td rowspan="2">项　　目</td><td colspan="2" rowspan="2">技术要求</td><td colspan="3">校　准　数　据</td></tr>
<tr><td>I</td><td>II</td><td>III</td></tr>
<tr><td>1</td><td>外观与通用技术要求</td><td colspan="2">目测检查</td><td colspan="3"></td></tr>
<tr><td>2</td><td>上下支撑板距离，mm</td><td colspan="2">25.4</td><td></td><td></td><td></td></tr>
<tr><td rowspan="3">3</td><td rowspan="3">肩环，mm</td><td>上径</td><td>19.8 ± 0.1</td><td></td><td></td><td></td></tr>
<tr><td>下径</td><td>15.9 ± 0.1</td><td></td><td></td><td></td></tr>
<tr><td>高</td><td>6.4 ± 0.1</td><td></td><td></td><td></td></tr>
<tr><td rowspan="2">4</td><td rowspan="2">钢球，mm</td><td>直径</td><td>9.5(9.53)</td><td></td><td></td><td></td></tr>
<tr><td>质量</td><td>3.50(3.53) ± 0.05</td><td></td><td></td><td></td></tr>
<tr><td>5</td><td>定位孔，mm</td><td>直径</td><td>$9.5^{+0.05}_{-0}$ ~ $9.53^{+0.05}$</td><td></td><td></td><td></td></tr>
<tr><td rowspan="4">6</td><td rowspan="4">升温速率，℃/min</td><td rowspan="4">5 ± 0.5</td><td>初始温度</td><td>3min</td><td>8min</td><td>13min</td></tr>
<tr><td></td><td></td><td></td><td></td></tr>
<tr><td></td><td></td><td></td><td></td></tr>
<tr><td></td><td></td><td></td><td></td></tr>
<tr><td>7</td><td>浴槽容积，mL</td><td>≮800</td><td colspan="4"></td></tr>
<tr><td rowspan="2">8</td><td rowspan="2">温度示值误差，℃</td><td>约定真值</td><td></td><td></td><td></td><td></td></tr>
<tr><td>示值</td><td></td><td></td><td></td><td></td></tr>
<tr><td colspan="2">备注</td><td colspan="5"></td></tr>
<tr><td colspan="2">环境条件</td><td>℃；　%RH</td><td>检定员</td><td></td><td>核验员</td><td></td></tr>
</table>

附录 B

检定证书背面格式

室温：　　℃　　　　**表 B.1　主要项目检定结果**　　　　仪器编号：

校 准 项 目		技 术 要 求	检 定 结 果	
			1#	2#
上下支撑板距离，mm		25.4		
肩环，mm	上径	19.8 ± 0.1		
	下径	15.9 ± 0.1		
	高	6.4 ± 0.1		
钢球直径，mm		9.5(9.53)		
钢球质量，g		3.50(3.53) ± 0.05		
定位孔径，mm		$9.5^{+0.05}_{-0}$ ~ $9.53^{+0.05}$		
升温速率，℃/min		5 ± 0.5		
温度示值误差，℃		< 0.5	约定真值	
			示值误差	
外观与通用技术要求				
备注				

技术主管：　　　　　　核验员：　　　　　　检定员：

JJG

中华人民共和国交通部部门计量检定规程

JJG(交通) 058—2004

土 工 击 实 仪

Compaction Instrument of Soil

2004-11-02 发布　　2005-02-01 实施

中 华 人 民 共 和 国 交 通 部 发布

JJG

中华人民共和国交通部部门计量检定规程

JJG（交通）058—2004

土工击实仪

Compaction Instrument of Soil

2004-11-02发布　　2005-02-01实施

中华人民共和国交通部发布

土工击实仪检定规程

1　范围

本规程适用于公路土工轻型和重型击实试验所用手动、电动、气动各种类型土工击实仪(以下简称“击实仪”)的首次检定、后续检定和使用中检验。

2　引用文献

本规程引用下列文献

《JJF 1059　测量不确定度评定与表示》

《JTJ 051　公路土工试验规程　击实试验》

使用本规程时,应注意使用上述引用文献的现行有效版本。

3　术语

3.1　落高 drop of high

击实仪的锤体运动到最高点位置时,锤体下表面到试筒中试样土表面的高度。在进行土工击实试验中随着试筒中试样土高度的变化,仪器的落高应能保持不变。即:当锤体质量一定的条件下,保持击实功不变,它是土工击实试验的必要条件。

4　概述

击实仪是在实验室规定的标准条件下,通过机械功击实的方法使试件土体密度加大,提高试件强度,模拟现场施工压实工况,为现场填土密度提供依据的土工试验仪器。公路工程常用的击实仪有手动击实仪、电动击实仪和气动击实仪。

手动击实仪由击实筒和导管式击实锤组成。

电动击实仪结构形式有三种:链条、导柱、滑块提锤型;齿轮、齿条提锤型;摩擦轮挤压提锤型。

气动击实仪结构有:活塞杆、滑块提锤型。

电动击实仪和气动击实仪可由单片计算机控制,实现击实次数的预置、实时显示击实次数、自动控制落高、调整击实位置及自动停机等功能。

5　计量性能要求

5.1　击实锤体的质量要求:轻型(2500 ± 5)g,重型(4500 ± 5)g。

5.2　击实锤体锤底直径要求:(50 ± 0.5)mm。

5.3　击实锤体的击实落高要求:轻型(300 ± 2)mm,重型(450 ± 2)mm。

5.4　击实锤体的侧母线与击实筒内壁的间隙要求:2mm ~ 2.5mm。

6　通用技术要求

6.1　仪器应有清晰的标志、铭牌和合格证书,标明生产厂名(或商标)、出厂编号和生产日期,仪器上应有明显的安全警示标志与旋转运动方向提示标志。

6.2 仪器外观加工平整、整洁，各部件齐全完好，运动部件结构合理，仪器各开关、按键、手柄功能正常，操作灵活可靠。外部无明显损伤和缺陷，无锈蚀，运转灵活，电气安全性能安全可靠。

6.3 仪器控制器计数示值清晰、正确，无缺少笔画和跳动漏计数缺陷。

6.4 击实仪工作时无异常噪声，击实锤运动时应保持垂直自由下落，无异常碰撞、摩擦现象，击实底座旋转时分度应均匀。控制内外层转换的摆动机构应及时、位置准确。

7 计量器具控制

7.1 检定条件

环境温度：5℃～35℃。

相对湿度：不大于85%。

电源：检定用仪器 220×（1±10%）V，50×（1±2%）Hz；

被检仪器　380×（1±10%）V，50×（1±2%）Hz。

检定应在仪器正确安装固定、确认运动方向正确后，并在污染、振动、噪声、电磁干扰等不影响测量结果的环境下进行。

7.2 检定用仪器设备

钢卷尺：量程大于1m，分度值1mm，准确度等级二级；

游标卡尺：量程200mm，分度值0.02mm；

数显高度尺：量程300mm，分度值0.01mm；

天平：称量范围0～6000g，感量1g；

塞尺：0.02mm～2mm。

7.3 检定项目及检定方法

7.3.1 检定项目

击实仪检定项目见表1。

表1 检定项目一览表

	检定项目	首次检定	后续检定	使用中检验
1	外观	+	+	+
2	击实锤体的质量	+	+	+
3	击实锤底直径	+	+	+
4	击实锤体的击实落高	+	+	+
5	击实锤体侧母线与击实筒内壁间隙	+	−	−
6	计数	+	+	+
注："+"为应检定项目；"−"为不检定项目。				

7.3.2 检定方法

7.3.2.1 外观检查

用目测和手动方法检查击实仪外观，应符合6.1和6.2要求，用点动方法启动电动机，观察仪器的传动方式及运转方向是否正确。

7.3.2.2 击实仪运行、性能与计数

安装好仪器的击实筒，击实筒内可放置报废试件或相当高度的棉纱类充填物。移开安全挡板，将击实锤体调整到上部位置。将计数器置数98，启动电动机，检查仪器工作时是否有异常噪音，击实锤体是否垂直自由下落，击实锤体有无与击实筒发生磕碰，击实底座旋转分度是否均匀，底座运动有无受阻，击实锤体或击实筒（视仪器控制方式不同）在击实过程中动作是否正确，内、外层转换控制与击数是否符合技术要求。检查记数器数字显示是否准确无误，有无漏记、跳跃记数的现象，并检查记数与击实次数是否一致。击实记数达到预置数后，仪器应能自动停机，停机后击实锤体应停止在上部位置，其结果应符合6.3和6.4的要求。

7.3.2.3 击实锤体质量与锤底直径

将击实锤体卸下，用汽油擦洗干净，检查击实锤体是否有损伤，锤体有无变形。卸下击实锤，用电子天平称量（有导杆的击实锤质量应含导杆）质量，其质量应符合5.1的要求。

用游标卡尺测量锤底直径，每转动120°角度测量一次，锤底直径应符合5.2的要求。

7.3.2.4 击实锤体的击实落高

根据控制落高不同的形式，在击实锤运动的起始位置选取一个与击实落高相关的部件做一起始标记，当锤体升至最高点后，再做一终点标记，用钢直尺测量起始标记和终点标记之间的垂直距离，即为击实落高。依上述方法重复三次，取其平均值，结果应符合5.3的要求。手动土工击实仪击实落高的测量是用钢直尺测出导管内径的长度及击实锤体450mm处的长度值，两者之差即为击实落高。

7.3.2.5 击实锤体的侧母线与击实筒内壁的间隙

用塞尺测量（此方法适用于电动击实仪和气动击实仪）。将仪器的击实位置调整到击实 ϕ152mm 试件处，安装好 ϕ152mm 击实筒，将击实锤体手动调整到击实过程的下端位置。然后，手动转动击实筒，每转动120°角度，用塞尺测量击实锤体的侧母线与击实筒内壁的间隙，连续测量360°，其结果应符合5.4的要求。

7.3.3 测量结果处理

7.3.2.4～7.3.2.5的计算均按下面公式进行：

$$X = \sum X_i/3, i = 1、2、3$$

式中：X——测量结果的算术平均值；

X_i——第i次测量结果的值。

7.3.4 测量结果的不确定度评定

JJF 1059计量技术规范适用于本规程测量结果的不确定度评定。

7.4 检定结果的处理与检定周期

7.4.1 经检定各项目均满足本规程技术要求的仪器，发给检定证书；不符合本规程技术要求的仪器，发给检定结果通知书，并指出不符合项。

击实仪检定原始记录表见附录A；检定证书背面格式见附录B。

7.4.2 检定周期

土工击实仪的检定周期一般为一年，若仪器经搬迁安装后应重新检定。使用中检验可根据具体情况随时进行。

附录 A

检定记录格式

表 A.1 土工标准击实仪检定记录表

<table>
<tr><td colspan="2">送检单位</td><td colspan="2"></td><td colspan="2">检定日期</td><td></td></tr>
<tr><td colspan="2">型号规格</td><td colspan="2"></td><td colspan="2">出厂编号</td><td></td></tr>
<tr><td colspan="2">生产厂家</td><td colspan="2"></td><td colspan="2">出厂日期</td><td></td></tr>
<tr><td rowspan="2">序号</td><td rowspan="2">项目</td><td rowspan="2">单位</td><td rowspan="2">技术要求</td><td colspan="3">检定数据</td></tr>
<tr><td>I</td><td>II</td><td>III</td></tr>
<tr><td rowspan="2">1</td><td rowspan="2">落高</td><td rowspan="2">mm</td><td>450 ± 2</td><td></td><td></td><td></td></tr>
<tr><td>300 ± 2</td><td></td><td></td><td></td></tr>
<tr><td rowspan="2">2</td><td rowspan="2">击实锤质量</td><td rowspan="2">g</td><td>重型 4500 ± 5</td><td></td><td></td><td></td></tr>
<tr><td>轻型 2500 ± 5</td><td></td><td></td><td></td></tr>
<tr><td>3</td><td>锤底直径</td><td>mm</td><td>50 ± 0.5</td><td></td><td></td><td></td></tr>
<tr><td>4</td><td>锤与筒壁间隙</td><td>mm</td><td>2 ~ 2.5</td><td></td><td></td><td></td></tr>
<tr><td>5</td><td>外观及通用技术要求</td><td></td><td>符合规程要求</td><td></td><td></td><td></td></tr>
<tr><td colspan="2">备注</td><td colspan="5"></td></tr>
<tr><td>环境条件</td><td colspan="2">℃；　%RH</td><td>检定员</td><td></td><td>核检员</td><td></td></tr>
</table>

附录 B

检定证书背面格式

室温：℃

表 B.1　主要项目检定结果

仪器编号：

检定项目	技术要求	检定结果
外观及通用技术要求	符合规程要求	
落高，mm	450 ± 2 300 ± 2	
击实锤质量，g	4500 ± 5 2500 ± 5	
锤底直径，mm	50 ± 0.5	
锤体与筒壁间隙，mm	2 ~ 2.5	
备注		

技术主管：　　　　核验员：　　　　检定员：

JJG

中华人民共和国交通部部门计量检定规程

JJG(交通)059—2004

逆反射测量仪

Retroreflectometer

2004-11-02 发布　　　　2005-02-01 实施

中 华 人 民 共 和 国 交 通 部　发布

逆反射测量仪检定规程

1 范围

本规程规定了便携式逆反射测量仪的首次检定、后续检定和使用中检验。

2 引用文献

《逆反射测量仪》(JT/T 612—2004)

使用本规程时,应注意使用上述引用文献的现行有效版本。

3 概述

逆反射测量仪是用来测量交通标志板、反光膜、道路标线、突起路标等逆反射交通安全设施反光性能的一种光学测量设备,既可用于实验室也可用于现场测量,一般由光源、接收器、光学系统、数据处理与指示单元、电源等部分组成。

4 计量性能要求

4.1 测量范围

a) 逆反射标志测量仪不小于:(0.1 ~ 1999)$cd \cdot lx^{-1} \cdot m^{-2}$;

b) 逆反射标线测量仪不小于:(0.1 ~ 1999)$mcd \cdot lx^{-1} \cdot m^{-2}$;

c) 突起路标测量仪不小于:(0.1 ~ 1999)$mcd \cdot lx^{-1}$。

4.2 示值误差(重复性测量误差)

a) 逆反射标志测量仪:±2%;

b) 逆反射标线测量仪:±5%;

c) 突起路标测量仪:±8%。

4.3 复现性测量误差

a) 逆反射标志测量仪:±3%;

b) 逆反射标线测量仪:±5%;

c) 突起路标测量仪:±10%。

5 通用技术要求

5.1 每台测量仪上应有下列标识:型号、出厂编号、制造单位、制造日期、几何条件、测量范围、测量不确定度等。

5.2 使用交流电源供电的测量仪的机壳应接安全保护地线并采用单向三线插头连接到电源上,不应存在影响人身安全的缺陷。

5.3 测量仪的功能键、按钮、开关、读数单元的设置应符合人机工学的特点,以方便使用,不应存在引起读数错误的缺陷。

6 计量器具控制

6.1 首次检定、后续检定和使用中检验

6.1.1 逆反射测量仪在投入使用前应通过定型鉴定。

6.1.2 为了保证逆反射测量仪的计量特性符合其批准时的型式所规定的要求，应对新生产的和修理后的仪器进行首次检定。

6.1.3 首次检定合格后投入使用的逆反射测量仪应按规定的时间进行周期检定。

6.1.4 为了检查仪器的检定标记或鉴定证书是否有效、保护标记是否损坏、检定后的计量器具状态是否受到明显变动、误差是否超过使用中的最大允许误差，在检定周期内还应对逆反射测量仪进行使用中的检验。

6.2 检定条件

6.2.1 检定时的环境条件

6.2.1.1 环境温度为23℃±2℃，相对湿度不大于76%。

6.2.1.2 电源电压：交流220×(1±10%)V，直流12V±1V。

6.2.1.3 检定时工作台应水平，无振动，无冲击。

6.2.1.4 检定时环境照度不大于0.02lx。

6.2.2 检定用仪器设备

6.2.2.1 标准试样

a) 标准试样的逆反射性能应均匀一致，反光膜标准试样的不均匀性不大于1%。

b) 用于检定逆反射测量仪的标准试样应溯源到行业标准或国家标准、国际标准，证书的要求和数据符合附录A的要求。

6.2.2.2 标准逆反射测量系统

a) 测量几何条件符合CIE角度系统，测量距离不小于15m。

b) 测量误差小于等于被检定仪器允许误差的1/3。

6.3 检定项目和检定方法

6.3.1 检定项目

逆反射测量仪的检定项目包括外观检定和示值误差检定。

6.3.2 外观检定

新生产逆反射测量仪的外观检定应符合JT/T 612—2004的5.1.1～5.1.6的要求；使用中的仪器还应检查上次检定后的密封标记是否完整，证书是否有效。

6.3.3 示值误差检定方法

6.3.3.1 标准试样法

标准试样法检定步骤如下：

a) 按使用说明书要求对测量仪进行加电、预热。

b) 用仪器自带的标准黑板调整仪器的零位。

c) 用仪器自带的校准试样对测量仪器进行自校准。

d) 用自校准后的测量仪对标准试样进行测量，按下式计算逆反射测量仪的示值误差。

$$\Delta = \frac{R' - R'_0}{R'_0} \times 100\% \tag{1}$$

式中：Δ——被检仪器的示值误差；

R'——被检仪器的示值；

R'_0——标准试样证书示值。

e） 对于逆反射标志测量仪取 1 级、3 级、5 级各几何条件进行测量，每种几何条件下测量五点，取平均值为被检仪器在该几何条件下的示值。

f） 对于逆反射标线测量仪和突起路标测量仪，应对各几何条件进行测量，每种几何条件下重复测量五次，取平均值为被检仪器的示值。

6.3.3.2 标准表法

标准表法检定步骤如下：

a） 按使用说明书要求对测量仪进行加电、预热。

b） 用仪器自带的标准黑板调整仪器的零位。

c） 用仪器自带的校准试样对测量仪器进行自校准。

d） 用自校准后的测量仪和标准测量系统分别对给定试样进行测量，按下式计算逆反射测量仪的允许误差。

$$\Delta = \frac{R'_1 - R'_2}{R'_2} \times 100\% \tag{2}$$

式中：Δ——被检仪器的示值误差；

R'_1——被检仪器的示值；

R'_2——标准测量系统的示值。

e） 对于逆反射标志测量仪取 1 级、3 级、5 级各几何条件进行测量，每种几何条件下测量五点，取平均值为被检仪器在该几何条件下的示值。

f） 对于逆反射标线测量仪和突起路标测量仪，应对各几何条件进行测量，每种几何条件下重复测量五次，取平均值为被检仪器的示值。

6.4 检定结果处理

从 6.3.3 得到的各测量几何条件下的示值误差的最大值应满足 4.2 的要求，并且外观检定符合要求，则被检仪器检定合格。经检定合格的测量仪出具检定合格证书，不合格的出具检定结果通知书，并注明不合格项目。

6.5 检定周期

检定周期为 1 年，必要时可提前检定。

附录 A

标准试样证书格式

A.1 逆反射标志(反光膜)标准板校准证书,见表 A.1。

表 A.1

证书编号:RSC－　　　　　　　　　　　　　　　　共 4 页　第 1 页

标准板颜色	测量几何条件		逆反射系数标准值($cd \cdot lx^{-1} \cdot m^{-2}$)				
	观测角	入射角	一级	二级	三级	四级	五级
1.白色	0.2°	－4°					
		15°					
		30°					
		40°					
	0.33°	－4°					
		15°					
		30°					
		40°					
	1°	－4°					
		15°					
		30°					
		40°					
2.黄色	0.2°	－4°					
		15°					
		30°					
		40°					
	0.33°	－4°					
		15°					
		30°					
		40°					
	1°	－4°					
		15°					
		30°					
		40°					

表 A.1（续）

证书编号:RSC -　　　　　　　　　　　　　　　　　　　共 4 页　第 2 页

标准板颜色	测量几何条件		逆反射系数标准值（$cd \cdot lx^{-1} \cdot m^{-2}$）				
	观测角	入射角	一级	二级	三级	四级	五级
3.红色	0.2°	-4°					
		15°					
		30°					
		40°					
	0.33°	-4°					
		15°					
		30°					
		40°					
	1°	-4°					
		15°					
		30°					
		40°					
4.绿色	0.2°	-4°					
		15°					
		30°					
		40°					
	0.33°	-4°					
		15°					
		30°					
		40°					
	1°	-4°					
		15°					
		30°					
		40°					

表 A.1(续)

证书编号:RSC－ 共 4 页 第 3 页

标准板颜色	测量几何条件		逆反射系数标准值($cd \cdot lx^{-1} \cdot m^{-2}$)				
	观测角	入射角	一级	二级	三级	四级	五级
5.蓝色	0.2°	－4°					
		15°					
		30°					
		40°					
	0.33°	－4°					
		15°					
		30°					
		40°					
	1°	－4°					
		15°					
		30°					
		40°					
6.棕色	0.2°	－4°					
		15°					
		30°					
		40°					
	0.33°	－4°					
		15°					
		30°					
		40°					
	1°	－4°					
		15°					
		30°					
		40°					

表 A.1(续)

证书编号:RSC -　　　　　　　　　　　　　　　　　　　共 4 页　第 4 页

说明:

1　本证书只对本套逆反射标志标准板有效;

2　本证书的测量结果已溯源到××国家(组织)标准;

3　本套逆反射标志标准板应保存在标准实验室环境下;

4　本证书有效期三年或使用次数不大于 1000 次;

5　本证书测量结果的不确定度是:

证书批准人:(签字)

证书批准日期:

证书批准单位:(盖章)

A.2 逆反射标线标准板校准证书，见表 A.2。

表 A.2

证书编号：RLC－　　　　共 1 页　第 1 页

标准板颜色	测量几何条件		逆反射系数标准值(mcd·lx^{-1}·m^{-2})		
	观测角	入射角	一级	二级	三级
白色	1.05°	88.76°			
	1°	86.5°			
黄色	1.05°	88.76°			
	1°	86.5°			

说明：

1　本证书只对本套逆反射标线标准板有效；

2　本证书的测量结果已溯源到 × × 国家(组织)标准；

3　本套逆反射标线标准板应保存在标准实验室环境下；

4　本证书有效期三年或使用次数不大于 1000 次；

5　本证书测量结果的不确定度是：

证书批准人：(签字)

证书批准日期：

证书批准单位：(盖章)

A.3 突起路标标准试样校准证书见表 A.3。

表 A.3

证书编号：RPC－　　　　共1页　第1页

<table>
<tr><td rowspan="2">标准试样颜色</td><td colspan="2">测量几何条件</td><td colspan="3">发光强度系数标准值(mcd·lx⁻¹)</td></tr>
<tr><td>观测角</td><td>入射角</td><td>一级</td><td>二级</td><td>三级</td></tr>
<tr><td rowspan="5">白色</td><td rowspan="3">0.2°</td><td>0°</td><td></td><td></td><td></td></tr>
<tr><td>+20°</td><td></td><td></td><td></td></tr>
<tr><td>−20°</td><td></td><td></td><td></td></tr>
<tr><td rowspan="2">0.33°</td><td>+5°</td><td></td><td></td><td></td></tr>
<tr><td>−5°</td><td></td><td></td><td></td></tr>
<tr><td rowspan="5">黄色</td><td rowspan="3">0.2°</td><td>0°</td><td></td><td></td><td></td></tr>
<tr><td>+20°</td><td></td><td></td><td></td></tr>
<tr><td>−20°</td><td></td><td></td><td></td></tr>
<tr><td rowspan="2">0.33°</td><td>+5°</td><td></td><td></td><td></td></tr>
<tr><td>−5°</td><td></td><td></td><td></td></tr>
<tr><td rowspan="5">红色</td><td rowspan="3">0.2°</td><td>0°</td><td></td><td></td><td></td></tr>
<tr><td>+20°</td><td></td><td></td><td></td></tr>
<tr><td>−20°</td><td></td><td></td><td></td></tr>
<tr><td rowspan="2">0.33°</td><td>+5°</td><td></td><td></td><td></td></tr>
<tr><td>−5°</td><td></td><td></td><td></td></tr>
</table>

说明：

1　本证书只对本套突起路标标准试样有效；

2　本证书的测量结果已溯源到××国家(组织)标准；

3　本套突起路标标准试样应保存在标准实验室环境下；

4　本证书有效期三年或使用次数不大于1000次；

5　本证书测量结果的不确定度是：

证书批准人：(签字)

证书批准日期：

证书批准单位：(盖章)

附录 B

检定证书背面格式

B.1 逆反射标志测量仪检定证书背面格式见表 B.1。

表 B.1 检 定 结 果

温度： 湿度： 照度： 检定仪器设备(标准试样)名称： 检定仪器设备(标准试样)型号规格： 检定仪器设备(标准试样)证书编号： 检定仪器设备(标准试样)测量不确定度： 检定依据： 一、外观： 二、绝缘电阻： 三、绝缘强度： 四、一级反光膜示值误差： 五、三级反光膜示值误差： 六、五级反光膜示值误差：

B.2 逆反射标线测量仪检定证书背面格式见表 B.2。

表 B.2 检 定 结 果

温度： 湿度： 照度： 检定仪器设备(标准试样)名称： 检定仪器设备(标准试样)型号规格： 检定仪器设备(标准试样)证书编号： 检定仪器设备(标准试样)测量不确定度： 检定依据： 一、外观： 二、绝缘电阻： 三、绝缘强度： 四、一级标线示值误差： 五、二级标线示值误差： 六、三级标线示值误差：

B.3 突起路标测量仪检定证书背面格式见表 B.3。

B.3 检定结果

温度： 湿度： 照度：
检定仪器设备(标准试样)名称：
检定仪器设备(标准试样)型号规格：
检定仪器设备(标准试样)证书编号：
检定仪器设备(标准试样)测量不确定度：
检定依据：
一、外观：
二、绝缘电阻：
三、绝缘强度：
四、一级突起路标示值误差：
五、二级突起路标示值误差：
六、三级突起路标示值误差：

附录 C

检定记录表格式

C.1 逆反射标志测量仪检定记录表格式

C.1.1 逆反射标志测量仪检定记录表(首页)见表 C.1。

表 C.1

仪器名称：
型号：　　出厂编号：
制造厂：
送检单位：
电话：　　联系人：
检定时间：　　起至　　止
检定环境条件：温度：　　湿度：　　照度：
检定及修理情况：

检定：　　核验：

证书编号：

C.1.2 逆反射标志测量仪检定记录表见表 C.2。

表 C.2

一、外观检查：
二、绝缘电阻：
电源端子火线对机壳：　　MΩ
电源端子零线对机壳：　　MΩ
三、绝缘强度(耐电压试验)：
电源端子火线对机壳：
电源端子零线对机壳：

C.1.3 逆反射标志测量仪检定记录表见表 C.3。

表 C.3

共 3 页 第 1 页

颜色	测量几何条件		逆反射系数值（$cd\cdot lx^{-1}\cdot m^{-2}$）								
	观测角	入射角	一级			三级			五级		
			标准值	测量值	误差	标准值	测量值	误差	标准值	测量值	误差
1.白色	0.2°	-4°									
		15°									
		30°									
		40°									
	0.33°	-4°									
		15°									
		30°									
		40°									
	1°	-4°									
		15°									
		30°									
		40°									
2.黄色	0.2°	-4°									
		15°									
		30°									
		40°									
	0.33°	-4°									
		15°									
		30°									
		40°									
	1°	-4°									
		15°									
		30°									
		40°									

表 C.3(续)

颜色	测量几何条件		逆反射系数值($cd \cdot lx^{-1} \cdot m^{-2}$)								
	观测角	入射角	一级			三级			五级		
			标准值	测量值	误差	标准值	测量值	误差	标准值	测量值	误差
3.红色	0.2°	-4°									
		15°									
		30°									
		40°									
	0.33°	-4°									
		15°									
		30°									
		40°									
	1°	-4°									
		15°									
		30°									
		40°									
4.绿色	0.2°	-4°									
		15°									
		30°									
		40°									
	0.33°	-4°									
		15°									
		30°									
		40°									
	1°	-4°									
		15°									
		30°									
		40°									

表 C.3(续)

共3页　第3页

颜色	测量几何条件		逆反射系数值($cd \cdot lx^{-1} \cdot m^{-2}$)								
	观测角	入射角	一级			三级			五级		
			标准值	测量值	误差	标准值	测量值	误差	标准值	测量值	误差
5.蓝色	0.2°	-4°									
		15°									
		30°									
		40°									
	0.33°	-4°									
		15°									
		30°									
		40°									
	1°	-4°									
		15°									
		30°									
		40°									
6.棕色	0.2°	-4°									
		15°									
		30°									
		40°									
	0.33°	-4°									
		15°									
		30°									
		40°									
	1°	-4°									
		15°									
		30°									
		40°									

C.2 逆反射标线测量仪检定记录表格式

C.2.1 逆反射标线测量仪检定记录表(首页)见表 C.4。

表 C.4

仪器名称：
型号： 出厂编号：
制造厂：
送检单位：
电话： 联系人：
检定时间： 起至 止
检定环境条件：温度： 湿度： 照度：
检定及修理情况：

检定： 核验：

证书编号：

C.2.2 逆反射标线测量仪检定记录表见表 C.5。

表 C.5

一、外观检查：
二、绝缘电阻：
电源端子火线对机壳： MΩ
电源端子零线对机壳： MΩ
三、绝缘强度(耐电压试验)：
电源端子火线对机壳：
电源端子零线对机壳：

C.2.3 逆反射标线测量仪检定记录表见表 C.6。

表 C.6

颜色	测量几何条件		逆反射系数值($mcd\cdot lx^{-1}\cdot m^{-2}$)								
	观测角	入射角	一级			二级			三级		
			标准值	测量值	误差	标准值	测量值	误差	标准值	测量值	误差
白色	1.05°	88.76°									
	1°	86.5°									
黄色	1.05°	88.76°									
	1°	86.5°									

C.3 突起路标测量仪检定记录表格式

C.3.1 突起路标测量仪检定记录表(首页)见表 C.7。

表 C.7

仪器名称：

型号：　　　　　　出厂编号：

制造厂：

送检单位：

电话：　　　　　　联系人：

检定时间：　　　　起至　　　　止

检定环境条件:温度：　　　　湿度：　　　　照度：

检定及修理情况：

检定：　　　　　　核验：

证书编号：

C.3.2 突起路标测量仪检定记录表见表 C.8。

表 C.8

一、外观检查：

二、绝缘电阻：

电源端子火线对机壳：　　　　MΩ

电源端子零线对机壳：　　　　MΩ

三、绝缘强度(耐电压试验)：

电源端子火线对机壳：

电源端子零线对机壳：

C.3.3 突起路标测量仪检定记录表见表 C.9。

表 C.9

颜色	测量几何条件		发光强度系数值(mcd·lx^{-1})								
	观测角	入射角	一级			二级			三级		
			标准值	测量值	误差	标准值	测量值	误差	标准值	测量值	误差
白色	0.2°	0°									
		+20°									
		−20°									
	0.33°	+5°									
		−5°									
黄色	0.2°	0°									
		+20°									
		−20°									
	0.33°	+5°									
		−5°									
红色	0.2°	0°									
		+20°									
		−20°									
	0.33°	+5°									
		−5°									

JJG

中华人民共和国交通部部门计量检定规程

JJG(交通)064—2006

沥青混合料拌和机

Asphalt Mixture's Mixing Machine

2006-02-20 发布　　　　2006-05-01 实施

中华人民共和国交通部 发布

沥青混合料拌和机检定规程

1 范围

本规程适用于沥青混合料拌和机的首次检定、后续检定和使用中检验。

2 引用文献

本规程引用下列文献:

JJF 1002—1998 国家计量检定规程编写规则

JT/T 274—1995 沥青混合料搅拌设备试验方法

JT/T 270—1995 沥青混合料搅拌设备通用技术条件

JTJ 052—2000 公路工程沥青及沥青混合料试验规程

在使用本规程时,应使用上述引用标准的现行有效版本。

3 概述

沥青混合料拌和机是室内拌制沥青混合料的基本设备,适用于制备沥青混合料。

沥青混合料拌和机由三大部分组成:加热锅、搅拌器和升降机构。加热锅温度从室温至250℃范围内任意设定,并自动控温。搅拌器由搅拌头、电机和搅拌桨组成。工作时,搅拌桨在锅内进行公转和自转,对混合料进行拌和,其搅拌时间由定时器控制。升降机构由电机、皮带减速器、丝杆等部件组成,用来实现搅拌器的升降。当加料或出料时,搅拌器升到最高位置;当搅拌时,搅拌器降到最低位置。其构成如图1所示。

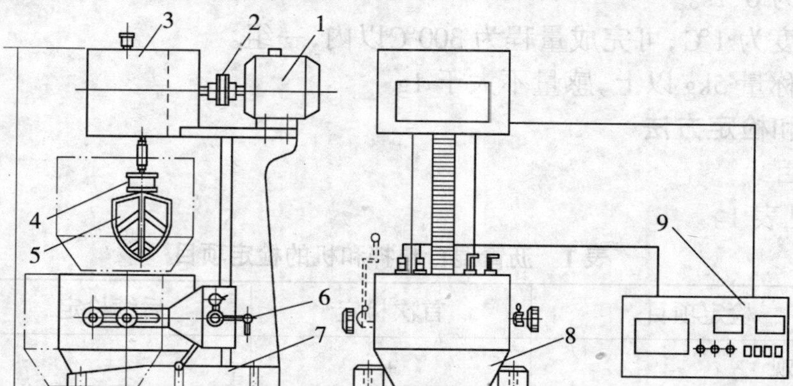

图1 试验室用沥青混合料拌和机构造图(尺寸单位:mm)

1-电机;2-联轴器;3-变速箱;4-弹簧;5-拌和叶片;6-升降手柄;7-底座;8-加热拌和锅;9-温度时间控制仪

4 计量性能要求

4.1 加热锅的容积应为(1±1.5%)V,其中 V 为设计容积。

4.2 搅拌桨公转速度为(40~50)r/min;自转速度为(70~90)r/min,其精度为±0.5%。

4.3 拌和机的拌和时间控制应准确,其控制精度为±0.5%。

4.4 加热锅温度能从室温至250℃范围内任意设定,其温度控制应准确,控制精度为±2℃。

4.5 加热锅温度从40℃升至250℃时，加温时间应不大于30min。

5 通用技术要求

5.1 外观

5.1.1 传动系统外露部分应有防护措施。

5.1.2 拌和机外露表面应作防锈处理，油漆表面应光滑、色调一致。

5.1.3 铸件和焊接件表面应平整，不应有毛刺、留边和砂眼等缺陷。

5.1.4 仪器应在明显位置固定产品的标志牌，标志牌应包括产品型号、名称、主要技术参数、出厂日期、出厂编号、制造厂名。

5.2 运转状况

5.2.1 拌和机运转部位无异常声音，皮带灵活、可靠。

5.2.2 操作摇手柄上下应灵活无阻，安全可靠。

5.2.3 拌和叶片降低的最低位置应与锅底保持一定的间距，一般以能充分拌和锅底料为准。

6 计量器具控制

6.1 检定条件

6.1.1 检定环境条件

仪器检定应在无风的室内进行，室内温度为(20±5)℃。检定的拌和机各总成、部件、附件及附属装置，应按规定装备齐全，装在规定的装置上。

6.1.2 检定用仪器设备

秒表：分度为0.1s。

温度计：分度为1℃，可完成量程为300℃以内，一组。

电子天平：称量5kg以上，感量不大于1g。

6.2 检定项目和检定方法

6.2.1 检定项目

检定项目见表1。

表1 沥青混合料拌和机的检定项目

序号	检定项目	首次检定	后续检定	使用中检验
1	外观	+	+	−
2	运转状况	+	+	+
3	容积	+	+	−
4	转速	+	+	−
5	时间控制	+	+	+
6	温度控制	+	+	+
7	升温速度	+	+	+

注：表中“+”表示应检定项目，“−”表示可免检定项目。

6.2.2 检定方法

6.2.2.1 拌和机的外观:可通过目测,按 5.1 的要求,并做好相应记录。

6.2.2.2 拌和机活动部位的检定:

a) 通过目测和视听,检测皮带是否能动;

b) 操作手柄的检定:用手工操作;

c) 拌和叶片下降的最低位置检定:用手去触摸或通过目测,不允许叶片与锅底接触。

6.2.2.3 加热锅容积的检定:可用注水法进行,用电子天平分别称量加热锅注水前与注满后的质量,其差值即为注入水的质量,再换算成体积,则该体积大小为加热锅的容积值。

6.2.2.4 搅拌桨的公转和自转速度的检定:测定其 1min 的转数。

6.2.2.5 时间控制的精确性检定:测定由时间控制器设置拌和机运行 3min 时的实际时间,用秒表计时,进行比较。

6.2.2.6 加热锅温度控制检定:用导热油作为导热材料,所用的导热油的沸点不应低于加热锅的最高设置温度。注入导热油的量为加热锅容量的 2/3 左右,加热锅从室温至 250℃范围内任意设定,用温度计测定加热锅中的导热油的最高温度,再与设计温度值相比较。

6.2.2.7 平均升温速度的检定:测定从 40℃升至 250℃的时间,应不大于 30min。

6.2.2.8 上述各种直接测量参数,通常取三次测量的平均值作为最终结果。

7 检定结果处理和检定周期

7.1 经检定符合本规程要求的沥青混合料拌和机发给检定合格证书,不符合本规程要求的发给检定结果通知书,并注明不合格项目。

沥青混合料拌和机检定记录见附录 A;检定证书背面格式见附录 B。

7.2 沥青混合料拌和机的检定周期一般不超过一年。

附录 A　检定记录表格式

沥青混合料拌和机检定记录

送检单位＿＿＿＿＿＿＿　记 录 号＿＿＿＿＿＿＿　检定证号＿＿＿＿＿＿＿
型号规格＿＿＿＿＿＿＿　制造厂商＿＿＿＿＿＿＿　出厂编号＿＿＿＿＿＿＿
出厂日期　　　　　　　　环境温度　　　　　　　　检定日期

<table>
<tr><th rowspan="2">序号</th><th rowspan="2">项目</th><th rowspan="2">单位</th><th rowspan="2">精度
要求</th><th colspan="4">实测数据</th><th rowspan="2">结果</th></tr>
<tr><th>1</th><th>2</th><th>3</th><th>平均</th></tr>
<tr><td>1</td><td>容量</td><td>L</td><td>±1.5%</td><td></td><td></td><td></td><td></td><td></td></tr>
<tr><td>2</td><td>公转速度</td><td>r/min</td><td>±0.5%</td><td></td><td></td><td></td><td></td><td></td></tr>
<tr><td>3</td><td>自转速度</td><td>r/min</td><td>±0.5%</td><td></td><td></td><td></td><td></td><td></td></tr>
<tr><td>4</td><td>时间控制</td><td>s</td><td>±0.5%</td><td></td><td></td><td></td><td></td><td></td></tr>
<tr><td rowspan="2">5</td><td>加热锅温度
（室温～250℃）</td><td>℃</td><td></td><td></td><td></td><td></td><td></td><td></td></tr>
<tr><td>温度控制</td><td>℃</td><td>±2</td><td></td><td></td><td></td><td></td><td></td></tr>
<tr><td>6</td><td>平均升温速度
（40℃～250℃）</td><td>℃/min</td><td>不小于7</td><td></td><td></td><td></td><td></td><td></td></tr>
<tr><td>7</td><td>外观</td><td colspan="7"></td></tr>
<tr><td>8</td><td>运转状况</td><td colspan="7"></td></tr>
<tr><td colspan="2">备注</td><td colspan="7"></td></tr>
<tr><td colspan="2">检定结论</td><td colspan="7"></td></tr>
<tr><td colspan="2">检定员</td><td colspan="2"></td><td colspan="3">核验员</td><td colspan="2"></td></tr>
</table>

附录 B　检定证书背面格式

项　　目	技 术 要 求	实 测 数 据
公转速度，r/min	±0.5%	
自转速度，r/min	±0.5%	
温度控制精度，℃	±2	
平均升温速度，℃/min	不小于 7	
备注		

检定员：　　　　核验员：　　　　检定时间：

中华人民共和国交通部部门计量检定规程

JJG(交通) 065—2006

沥青混合料马歇尔击实仪

Asphalt Mixture's Marshall Compaction Test Apparatus

2006-02-20 发布

2006-05-01 实施

中华人民共和国交通部 发布

JJG

中华人民共和国交通部部门计量检定规程

JJG（交通）065—2006

沥青混合料马歇尔击实仪

Asphalt Mixture's Marshall Compaction Test Apparatus

2006-02-20 发布　　2006-05-01 实施

中华人民共和国交通部　发布

沥青混合料马歇尔击实仪检定规程

1 范围

本规程适用于沥青混合料马歇尔标准击实仪和马歇尔大型击实仪的首次检定、后续检定和使用中检验。

2 引用文献

本规程引用下列文献:

JJF 1002—1998 国家计量检定规程编写规则

JTJ 052—2000 公路工程沥青及沥青混合料试验规程

使用本规程时,应使用上述引用文献的现行有效版本。

3 概述

马歇尔击实仪是室内进行沥青混合料试件制作的基本设备,适用于沥青混合料马歇尔试验、间接抗拉试验等的圆柱体试件的成型。

马歇尔击实仪分为标准击实仪和大型击实仪两种,由击实锤、平圆形压实头、带手柄的导向棒及击实台组成。用机械将击实锤举起,从一定高度沿导向棒自由落下击实。电动击实仪还有控制仪表,在仪表板上还有设置按钮、数码显示,装有工作/停止、暂停按钮。其组成和结构如图 1 所示。

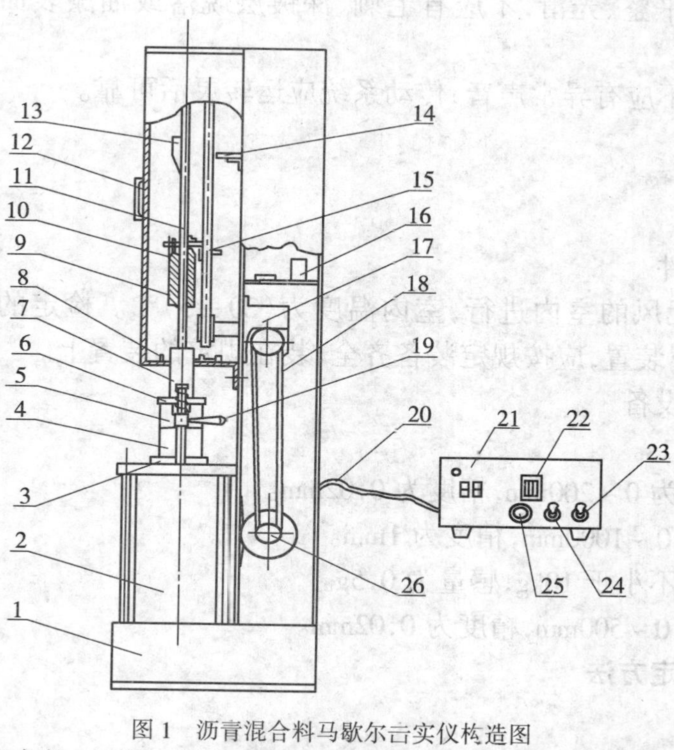

图 1 沥青混合料马歇尔击实仪构造图

1-混凝土基座;2-木墩;3-底座;4-试模;5-套筒;6-固定环;7-压实头;8-锁紧板;9-击锤;10-簧片;11-导向棒;12-门;13-限位块;14-光电开关;15-链条及挂钩;16-继电器熔断丝;17-减速器;18-皮带;19-把手;20-控制连线;21-控制器;22-数码拨盘;23-电源开关控制器;24-工作开关;25-清零按钮;26-电机

4 计量性能要求

4.1 平圆形压实头直径

标准击实仪：(98.5±0.5)mm；大型击实仪：(149.5±0.8)mm。

4.2 击实锤的质量

标准击实仪：(4536±9)g；大型击实仪：(10210±10)g。

4.3 击实锤提升高度

标准击实仪：(457.2±1.5)mm；大型击实仪：(457.2±2.5)mm。

4.4 击实锤的击实速度

击实速度为(60±5)次/min。

4.5 试模、底座及套筒

标准击实仪：圆柱形金属筒内径为(101.6±0.2)mm，高 87mm；底座直径约 120.6mm；套筒高 70mm、内径 101.6mm。

大型击实仪：套筒外径为 165.1mm，内径为(155.6±0.3)mm，总高为 83mm；试模内径为(152.4±0.2)mm，总高为 115mm；底座板厚为 12.7mm，直径为 172mm。大型圆柱体试件的试模与套筒见图 2。

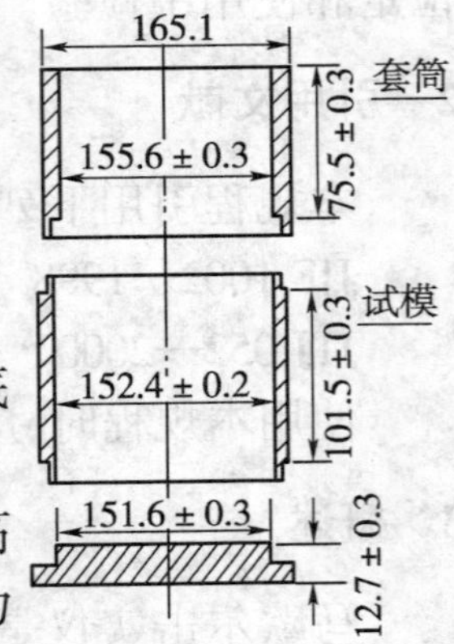

图 2 大型圆柱体试件的试模与套筒（尺寸单位：mm）

5 通用技术要求

5.1 仪器应在明显固定位置设有产品标牌，标牌应包括产品型号、名称、产品主要技术参数、出厂日期、出厂编号和制造厂名称。

5.2 击实仪外观应平整、光滑，不应有毛刺、深镀层脱落或油漆表面色彩明显不均匀现象。

5.3 击实仪运转时不应有异常声音，传动系统应运转灵活可靠。

6 计量器具控制

6.1 检定条件

6.1.1 检定环境条件

仪器检定应在无风的室内进行，室内温度为(20±5)℃。检定的马歇尔击实仪各总成、部件、附件及附属装置，应按规定装备齐全，装在规定的装置上。

6.1.2 检定用仪器设备

秒表：分度为 0.1s。

游标卡尺：量程为 0～200mm，精度为 0.02mm。

钢卷尺：量程为 0～1000mm，精度为 1mm。

电子天平：量程不小于 10kg，感量为 0.5g。

高度尺：量程为 0～500mm，精度为 0.02mm。

6.2 检定项目和检定方法

6.2.1 检定项目

检定项目见表 1。

表1 沥青混合料马歇尔击实仪的检定项目

序号	检定项目	首次检定	后续检定	使用中检验
1	外观	+	+	-
2	运转状况	+	+	+
3	压实头直径	+	+	+
4	击实锤的质量	+	+	+
5	击实锤提升高度	+	+	+
6	击实速度	+	+	+
7	试模、底座和套筒几何尺寸	+	+	+
注:表中“+”表示应检定项目,“-”表示可免检定项目。				

6.2.2 检定方法

6.2.2.1 击实仪的外观:可通过目测,主要有5.1和5.2两个项目,并相应做好记录。

6.2.2.2 击实仪运转状况的检定:由目测、手动和视听综合完成。聆听击实仪运转时是否有异常声音,观察传动系统运转是否灵活可靠、链条有无松动和限位块螺丝有无松动,手工操作来感知把手的灵活性。

6.2.2.3 几何参数的检定:包括压实头直径、击实锤提升高度、试模几何尺寸和套筒几何尺寸。水平尺寸直接用钢卷尺进行测量;高度尺寸除可直接用钢卷尺进行测量外,也可通过高度尺进行测量;直径用游标卡尺直接测量。

6.2.2.4 击实锤质量的检定:用电子天平测定。

6.2.2.5 击实速度的检定:记录1min内的击实次数。若次数不足整数次,则达到整数次后,用秒表记录时间,然后计算击实速度。

6.2.2.6 上述各种直接测量参数,通常取三次测量的平均值作为最终结果。

7 检定结果处理和检定周期

7.1 经检定符合本规程要求的沥青混合料马歇尔击实仪发给检定合格证书,不符合本规程要求的发给检定结果通知书,并注明不合格项目。

沥青混合料马歇尔击实仪检定记录表格式见附录A;检定证书背面格式见附录B。

7.2 沥青混合料马歇尔击实仪的检定周期不超过一年。

附录 A　检定记录表格式

沥青混合料马歇尔击实仪检定记录

送检单位________　记 录 号________　检定证号________

型号规格________　制造厂商________　出厂编号________

出厂日期________　环境温度________　检定日期________

<table>
<tr><th rowspan="2">序号</th><th colspan="2" rowspan="2">项　目</th><th colspan="2" rowspan="2">单　位</th><th rowspan="2">技术要求</th><th colspan="4">实 测 数 据</th><th rowspan="2">结果</th></tr>
<tr><th>1</th><th>2</th><th>3</th><th>平均</th></tr>
<tr><td rowspan="2">1</td><td rowspan="2">压实头
直径</td><td>标准击实仪</td><td colspan="2">mm</td><td>98.5±0.5</td><td></td><td></td><td></td><td></td><td></td></tr>
<tr><td>大型击实仪</td><td colspan="2">mm</td><td>149.5±0.8</td><td></td><td></td><td></td><td></td><td></td></tr>
<tr><td rowspan="2">2</td><td rowspan="2">提升
高度</td><td>标准击实仪</td><td colspan="2">mm</td><td>457.2±1.5</td><td></td><td></td><td></td><td></td><td></td></tr>
<tr><td>大型击实仪</td><td colspan="2">mm</td><td>457.2±2.5</td><td></td><td></td><td></td><td></td><td></td></tr>
<tr><td rowspan="2">3</td><td rowspan="2">击实锤
质量</td><td>标准击实仪</td><td colspan="2">g</td><td>4536±9</td><td></td><td></td><td></td><td></td><td></td></tr>
<tr><td>大型击实仪</td><td colspan="2">g</td><td>10210±10</td><td></td><td></td><td></td><td></td><td></td></tr>
<tr><td>4</td><td colspan="2">击实速度</td><td colspan="2">次/min</td><td>60±5</td><td></td><td></td><td></td><td></td><td></td></tr>
<tr><td rowspan="4">5</td><td rowspan="4">试模
几何尺寸</td><td rowspan="2">标准击实仪</td><td>内径</td><td>mm</td><td>101.6±0.2</td><td></td><td></td><td></td><td></td><td></td></tr>
<tr><td>高</td><td>mm</td><td>87(1±0.5%)</td><td></td><td></td><td></td><td></td><td></td></tr>
<tr><td rowspan="2">大型击实仪</td><td>内径</td><td>mm</td><td>152.4±0.2</td><td></td><td></td><td></td><td></td><td></td></tr>
<tr><td>高</td><td>mm</td><td>115(1±0.5%)</td><td></td><td></td><td></td><td></td><td></td></tr>
<tr><td rowspan="4">6</td><td rowspan="4">套筒
几何尺寸</td><td rowspan="2">标准击实仪</td><td>内径</td><td>mm</td><td>101.6(1±0.5%)</td><td></td><td></td><td></td><td></td><td></td></tr>
<tr><td>高</td><td>mm</td><td>70(1±0.5%)</td><td></td><td></td><td></td><td></td><td></td></tr>
<tr><td rowspan="2">大型击实仪</td><td>内径</td><td>mm</td><td>155.6±0.3</td><td></td><td></td><td></td><td></td><td></td></tr>
<tr><td>高</td><td>mm</td><td>83(1±0.5%)</td><td></td><td></td><td></td><td></td><td></td></tr>
<tr><td>7</td><td>外观</td><td colspan="9"></td></tr>
<tr><td>8</td><td>运转状况</td><td colspan="9"></td></tr>
<tr><td colspan="2">备　　注</td><td colspan="9"></td></tr>
<tr><td colspan="2">检定结论</td><td colspan="9"></td></tr>
<tr><td colspan="2">检 定 员</td><td colspan="3"></td><td colspan="3">核验员</td><td colspan="3"></td></tr>
</table>

附录 B 检定证书背面格式

项　　目	技术要求		实测数据
压实头直径	标准击实仪	(98.5 ± 0.5)mm	
	大型击实仪	(149.5 ± 0.8)mm	
击实锤提升高度	标准击实仪	(457.2 ± 1.5)mm	
	大型击实仪	(457.2 ± 2.5)mm	
击实锤质量	标准击实仪	(4536 ± 5)g	
	大型击实仪	(10210 ± 10)g	
击实速度	(60 ± 5)次/min		
备注			

检定员：　　　　　　　　核验员：　　　　　　　　检定时间：

JJG

中华人民共和国交通部部门计量检定规程

JJG(交通)066—2006

马歇尔稳定度试验仪

Marshall test machine for bituminous mixtures

2006-02-20 发布　　2006-05-01 实施

中华人民共和国交通部 发布

马歇尔稳定度试验仪检定规程

1 范围

本规程适用于沥青混合料马歇尔试验仪(以下简称试验仪)的首次检定、后续检定和使用中检验。

2 引用文献

本规程引用下列文献:

JJF 1001 通用计量术语及定义
JJF 1002 国家计量检定规程编写规则
JJF 1027 测量误差及数据处理技术规范
JJF 1059 测量不确定度评定与表示
JT/T 119 马歇尔稳定度试验仪
JTJ 052 公路工程沥青及沥青混合料试验规程

使用本规程时,应注意使用上述引用文献的现行有效版本。

3 概述

沥青混合料马歇尔试验仪是用于检测沥青混合料热状态下的稳定性和变形的路面材料试验专用仪器。其工作原理为:对标准制作的沥青混合料圆柱体试件在60℃温度下用规定速度进行破坏性试验,测定其在热状态下所能承受的最大压力和变形量。试验仪由加荷装置、测力装置、流值测量装置等部分组成。基本结构形式如图1所示。

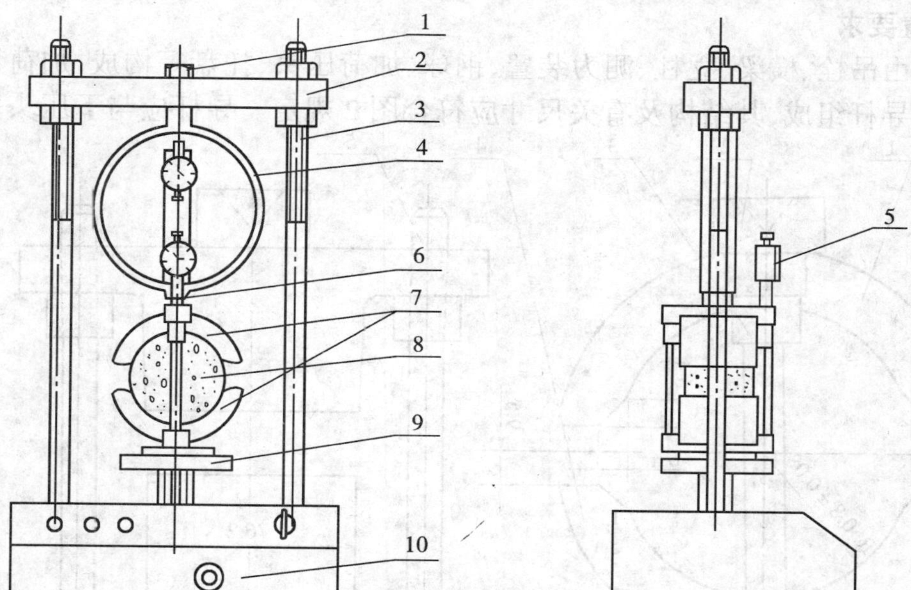

图1 沥青混合料马歇尔试验仪的结构

1-吊栓;2-横梁;3-立柱;4-测力装置;5-流值测量装置;6-钢球;7-加荷压头;8-试件;9-托盘;10-动力源与加荷装置

4 计量性能要求

4.1 动力源

试验仪托盘的垂直上升速率，不加荷时为(50±2)mm/min，加荷时为(50±5)mm/min。

4.2 加荷装置

4.2.1 标准试验仪上下压头曲率半径为(50.8±0.1)mm，大型试验仪上下压头曲率半径为(76.2±0.1)mm。

4.2.2 钢球直径为(ϕ16±0.05)mm。

4.3 测力装置

测力装置的测量示值误差应满足±0.1kN，重复性应满足0.1kN。

4.4 流值测量装置

流值测量装置的测量示值误差应满足±0.1mm，重复性应满足0.1mm。

4.5 绝缘电阻

仪器电源线对外壳接地点的绝缘电阻大于2MΩ。

5 通用技术要求

5.1 外观要求

5.1.1 试验仪应有清晰的铭牌、合格证。

5.1.2 试验仪应结构坚固，试验仪指针式显示应清晰、准确。在加卸荷载过程中，各指示仪表不应有停滞和跳动现象。

5.2 整机性能要求

试验仪最大荷载不小于25kN，大型试验仪不小于50kN，流值测量范围为0～10mm。

5.3 加荷装置要求

加荷装置由吊栓、横梁、立柱、测力装置、钢球、加荷压头、托盘等构成，加荷压头由上压头、下压头、导杆组成，其结构及有关尺寸应符合图2规定。导杆应与下压头垂直并完

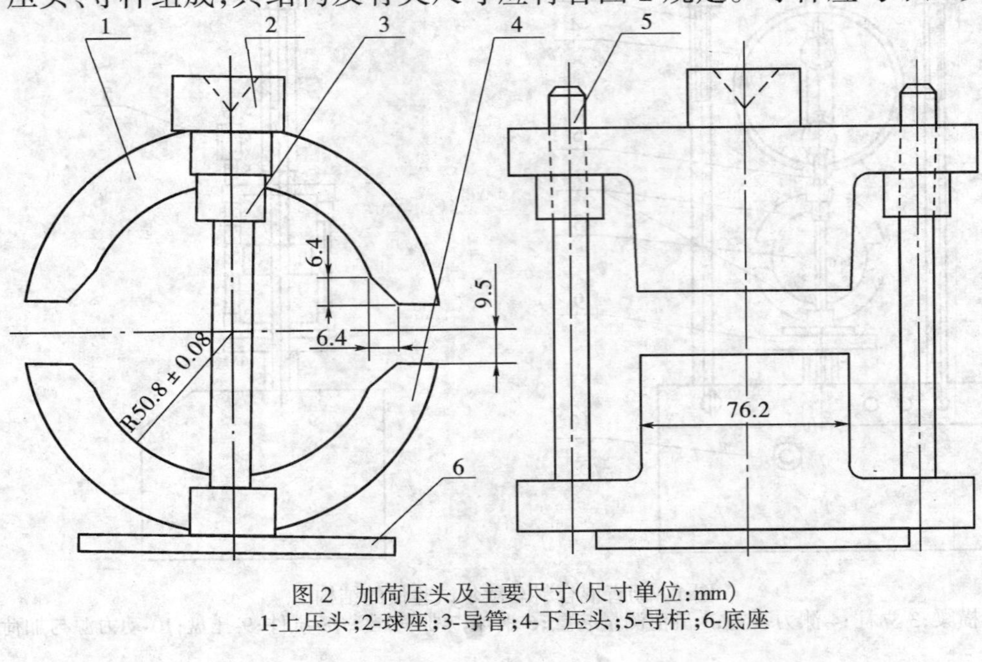

图2 加荷压头及主要尺寸(尺寸单位:mm)
1-上压头;2-球座;3-导管;4-下压头;5-导杆;6-底座

全固定，上压头插入导杆后应能上下滑动自如。

5.4 测力装置要求

应采用带百分表的测力环或荷载传感器。百分表应安装牢固；传感器引出线不应有松动。测力装置的支承面和底面均应平滑，不得有锈蚀、擦伤及杂物。

5.5 流值测量装置要求

流值测量装置由导杆、导管及变形测量仪表组成。导管套在加荷压头的连接导杆上，导管与导杆的配合为间隙配合，可自由滑动。

6 计量器具控制

6.1 检定条件

6.1.1 环境条件

6.1.1.1 检定应在无腐蚀性气体，环境温度应达到10℃～35℃，检定过程中温度波动小于2℃的室内进行。

6.1.1.2 电源电压的波动不超过±10%。

6.1.1.3 试验仪在检定室内放置时间应大于4h。

6.1.1.4 检定前对试验仪通电预热应超过0.5h。

6.1.2 检定用仪器设备

高度尺：范围0～300mm，分度值0.02mm；

秒表：分度值0.1s；

标准测力仪：范围0～50kN，0.3级；

标准量块：四等量块；

兆欧表：范围0～10MΩ，分度值0.2MΩ；

专用通止规：专用通止规技术要求见附录C。

6.2 检定项目和检定方法

6.2.1 检定项目

试验仪检定项目见表1，检定记录格式见附录A。

表1 试验仪检定项目

检定项目		首次检定	后续检定	使用中检验
外观及常规检定		+	+	+
动力源		+	+	+
加荷装置	加荷压头的曲率半径	+	+	+
	钢球直径	+	–	–
测力装置		+	+	+
流值测量装置		+	+	+
绝缘电阻		+	–	–

注："+"表示需检定项目；"–"表示不需检定的项目。

6.2.2 检定方法

6.2.2.1 外观及常规检定

目测和开机操作，检查结果应符合 5.1 规定。

沿导杆上下拉动加荷上压头，检查结果应符合 5.3 规定。

6.2.2.2 动力源的检定

a） 空载托盘上升速率

将托盘置于最低位置，用高度尺测量此时位置；然后启动电机，同时开启秒表；工作 60s 后，关闭电机，用高度尺测量此时的位置与原始位置的高度之差。其数值与上升时间之比即为托盘上升速率。每次试验测量三次，取其平均值，单位以毫米每分钟（mm/min）表示，结果应符合 4.1 的要求。

b） 加载托盘上升速率

将托盘置于最低位置，装上试件；然后启动电机，在试件承受载荷的瞬间，记下秒表和流值测量装置的起始值；当试验载荷达到最大值的瞬间，记下秒表和流值测量装置的终止值，计算托盘上升速率。每次试验测量三次，取其平均值，单位以毫米每分钟（mm/min）表示，结果应符合 4.1 的要求。

6.2.2.3 加荷装置的检定

a） 加荷压头的曲率半径

用专用通止规分别支起每个加荷压头后，检查专用通止规与加荷压头的贴合情况，以上结果应符合 4.2.1 的规定。

b） 钢球直径的检定

钢球直径用外径千分尺来测量，重复三次，取平均值，其结果应符合 4.2.2 的要求。

6.2.2.4 测力装置的检定

卸下加荷压头，将标准测力计的测力模块放于托盘上。

以测量下限为检定起始点，其检定点间隔取测量上限的 20%。在测量范围内测力仪检定五个点，各点应大致均匀分布。

把试验仪调整成工作状态，示值指示装置调至零点，开启电源，以相同的增量施加递增负荷，直到额定负荷。在每一级负荷加到后，读取标准测力仪的输出值。达到额定负荷后，退回到零负荷。该检定过程连续进行三次，每次检定前均应将示值指示装置调至零点。

根据上述结果，按照式（1）和式（2）计算相应的技术指标：

示值误差：

$$\delta_i = \frac{x_i - F_i}{F_i} \times 100\% \qquad i = 1,2,\cdots,n \tag{1}$$

重复性：

$$R_i = \frac{x_{i\max} - x_{i\min}}{x_i} \times 100\% \qquad i = 1,2,\cdots,n \tag{2}$$

式中：F_i——检定第 i 点施加的标准力；

x_i——在 F_i 作用下测力装置第 i 点的进程示值；

$x_{i\max}$——在标准力 F_i 作用下三次重复测量的最大示值；

$x_{i\min}$——在标准力 F_i 作用下三次重复测量的最小示值。

其结果应符合4.3的规定。

6.2.2.5 流值测量装置的检定

a） 流值测量装置的检定采用四等标准量块。选用0.5~10mm七个量块，以1.0mm量块定零位，分别将0.5mm、0.8mm、2.0mm、3.0mm、5.0mm、10.0mm量块置于流值测量仪表下，记录流值测量仪表的输出值。

b） 流值测量装置的有关技术指标按式(3)和式(4)计算：

进程示值：

$$x_i = \frac{1}{3}\sum_{j=1}^{3}(x_{ij} - x_{0j}) \qquad i = 1,2,\cdots,n \tag{3}$$

重复性：

$$R_i = \frac{x_{i\max} - x_{i\min}}{x_i} \times 100\% \qquad i = 1,2,\cdots,n \tag{4}$$

式中：x_{ij}——流值测量装置第 i 点、第 j 次测量的进程示值；

x_{0j}——第 j 次测量时，进程的零点示值；

x_i——流值测量装置第 i 点的进程示值；

$x_{i\max}$，$x_{i\min}$——三次重复测量的最大与最小示值。

其结果应符合4.4的要求。

6.2.2.6 绝缘电阻的检定

试验仪处于非工作状态，将兆欧表的一个插线端接到电源插头的相中联线上，另一接线端接到仪器的接地端上，持续50s后测量仪器的绝缘电阻，其结果应符合4.5的要求。

6.3 检定结果的处理

经检定合格的试验仪，出具相应的检定证书，检定证书背面格式见附录B。经检定不合格的出具检定结果通知书，并注明不合格项目。

6.4 检定周期

马歇尔稳定度试验仪检定周期一般为一年。

附录 A　检定记录格式

马歇尔稳定度试验仪检定记录表

<table>
<tr><td colspan="2">受检单位</td><td></td><td>型号</td><td></td><td>生产厂名</td><td></td></tr>
<tr><td colspan="2">出厂编号</td><td></td><td>出厂日期</td><td></td><td>使用编号</td><td></td></tr>
<tr><td colspan="2">检定时温度</td><td></td><td>检定时湿度</td><td></td><td>上次检定时间</td><td></td></tr>
<tr><td>序号</td><td colspan="2">检定项目</td><td colspan="3">检定记录</td><td>备注</td></tr>
<tr><td>1</td><td colspan="2">外观及常规检定</td><td colspan="3"></td><td></td></tr>
<tr><td rowspan="2">2</td><td rowspan="2">动力源</td><td>托盘空载上升速率（mm/min）</td><td colspan="3"></td><td rowspan="2"></td></tr>
<tr><td>托盘加载上升速率（mm/min）</td><td colspan="3"></td></tr>
<tr><td rowspan="2">3</td><td rowspan="2">加荷装置</td><td>加荷压头的曲率半径（mm）</td><td colspan="3"></td><td rowspan="2"></td></tr>
<tr><td>钢球直径(mm)</td><td colspan="3"></td></tr>
<tr><td>4</td><td colspan="2">测力装置(kN)</td><td colspan="3"></td><td></td></tr>
<tr><td>5</td><td colspan="2">流值测量装置(mm)</td><td colspan="3"></td><td></td></tr>
<tr><td>6</td><td colspan="2">绝缘电阻(MΩ)</td><td colspan="3"></td><td></td></tr>
</table>

检定员：　　　　核验员：　　　　检定时间：　　　　检定地点：

附录 B　检定证书背面格式

主要项目检定结果

<table>
<tr><td>序　号</td><td colspan="2">检定项目</td><td>检定结果</td></tr>
<tr><td>1</td><td colspan="2">外观及常规检定</td><td></td></tr>
<tr><td>2</td><td colspan="2">动力源（mm/min）</td><td></td></tr>
<tr><td rowspan="2">3</td><td rowspan="2">加荷装置</td><td>加荷压头的曲率半径（mm）</td><td></td></tr>
<tr><td>钢球直径（mm）</td><td></td></tr>
<tr><td>4</td><td colspan="2">测力装置（kN）</td><td></td></tr>
<tr><td>5</td><td colspan="2">流值测量装置（mm）</td><td></td></tr>
<tr><td>6</td><td colspan="2">绝缘电阻（MΩ）</td><td></td></tr>
</table>

技术主管：　　　　　　　　检验员：　　　　　　　　检验号：

附录 C　专用通止规技术要求

专用通止规

C.1　专用通止规的形状和规格尺寸

专用通止规的形状如图 C.1 所示，其规格尺寸见表 C.1。

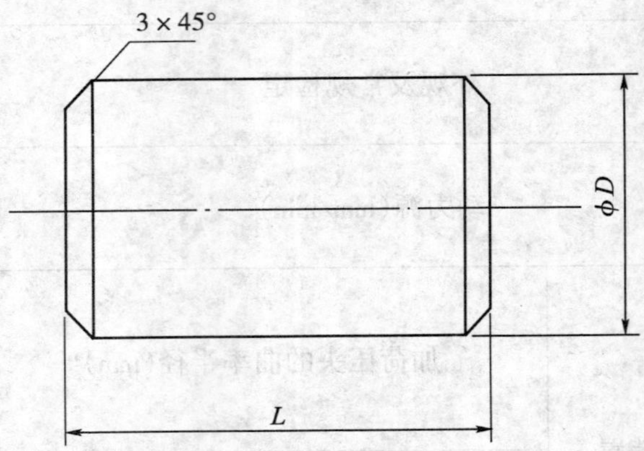

图　C.1

表　C.1

规格＼尺寸		φD (mm)	L (mm)
甲　组	通规	101.44 ± 0.01	100 ± 1
	止规	101.76 ± 0.01	100 ± 1
乙　组	通规	152.2 ± 0.02	130 ± 1
	止规	152.6 ± 0.02	130 ± 1

C.2　专用通止规的技术要求

C.2.1　专用通止规应由硬化回火的不锈钢制造，洛氏硬度为 HRC58 ~ HRC65。

C.2.2　测量表面不得有锈迹、毛刺、黑斑、划痕等缺陷，表面粗糙度优于 0.32μm。

C.2.3　专用通止规的圆度、直线度优于 IT16 级。

JJG

中华人民共和国交通部部门计量检定规程

JJG(交通)067—2006

道路石油沥青针入度试验仪

The penetration test apparatus of petroleum bituminous for road

2006-02-20 发布 2006-05-01 实施

中华人民共和国交通部 发布

中华人民共和国交通部部门计量检定规程

JJG(交通)067—2006

道路石油沥青针入度试验仪

The penetration test apparatus of petroleum bitumens for road

2006-02-20 发布　　　　2006-06-01 实施

中华人民共和国交通部 发布

道路石油沥青针入度试验仪计量检定规程

1 范围

本规程适用于道路石油沥青针入度试验仪的首次检定、后续检定和使用中的检验。

2 引用文献

本规程引用下列文献：

JJF 1001—1998 通用计量术语及定义

JJF 1059—1999 测量不确定度评定与表示

GB/T 4509—1998 沥青针入度测定法（EQV ASTM D5—95）

JT/T 653—2006 道路石油沥青针入度试验仪

JTJ 052—2000 公路工程沥青及沥青混合料试验规程

JJG 50—1996 石油产品用玻璃液体温度计检定规程

使用本规程时，应使用上述引用文献的现行有效版本。

3 术语和计量单位

3.1 针入度 Penetration

指在规定条件下，标准针垂直贯入试样中的深度，其测量单位以 0.1mm 表示。

3.2 沥青针入度试验 Penetration test of bituminous

采用形状及尺寸特定的，符合规定质量的标准针或加长针，使针尖与恒定温度（例如25℃）的被测沥青材料表面零接触后，在无明显摩擦状态下，沿着一条垂直轨迹自由落下，在规定的时间内（例如 5s），贯入被测沥青材料的深度，从而获得沥青的针入度指数，称为沥青针入度试验。

4 概述

道路石油沥青针入度试验仪是测量道路石油沥青针入度的一种检测仪器。其基本结构形式如图 1 所示，也可采用与之具有相同功能的其他结构形式。

道路石油沥青针入度仪主要分为：手动式和自动式。

——手动式：释放时间由人工控制，水浴内水温由温度计显示，试验数据人工目测后读取。

——自动式：释放时间自动控制，水浴内水温自动控制及显示，试验数据自动采集及显示。

5 计量性能要求

5.1 示值装置

手动式针入度仪刻度盘的分度值为 1 个针入度单位（即 0.1mm），示值装置的最大允许误差应符合表 1 规定；自动式针入度仪，其分度值为 0.1mm，最大允许误差均为 ±1 个针入度值（即 ±0.1mm）。

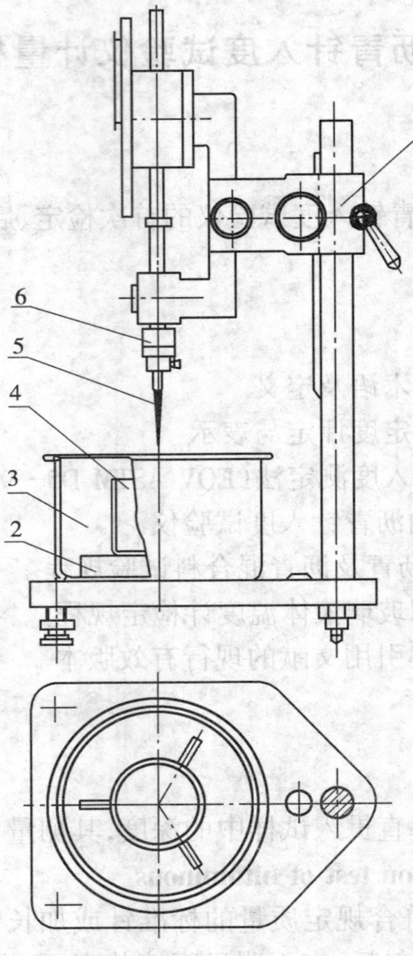

图 1　沥青针入度仪

1-针入度计；2-支架；3-水浴缸；4-盛样皿；5-标准针；6-砝码

表 1　示值装置的最大允许误差

测深杆位移 L(mm)	$L\leqslant10$	$10<L\leqslant20$	$20<L\leqslant40$
最大允许误差值(mm)	±0.5	±1.0	±1.5

5.2　标准针及针连杆装置

5.2.1　标准针应用硬化回火的不锈钢制造，表面粗糙度应为 Ra(0.2～0.3)μm。

5.2.2　常规试验时，针和针连杆组合件总质量为(50±0.05)g，另附(50±0.05)g 砝码一只，试验时的总质量为(100±0.05)g；标准针质量为(2.5±0.05)g。

5.2.3　标准针长度为(50±1)mm，直径为(ϕ1.00～1.02)mm，针露在外面的长度应在(40～45)mm 之内，针柄直径为(ϕ3.2±0.05)mm，长度为(38±1)mm，见图 2。

5.2.4　标准针的锥体角度为 8°40′～9°40′，锥端直径为(ϕ0.15±0.01)mm。

5.2.5　针的圆锥体与圆柱体交界面的同轴度不大于 0.20mm。

5.2.6　针体的截头圆锥端面与锥体轴线垂直度偏差应不超过 ±2°。

5.2.7　针与仪器底座平面应保持垂直，与底座平面接触时，针偏离中心的最大允许值为 2.0mm。

5.3 时控器装置

针连杆组件的释放时间的最大允许误差应符合 ±0.1s 的要求。

5.4 温控器装置

恒温水浴温度的最大允许误差为 ±0.1℃。

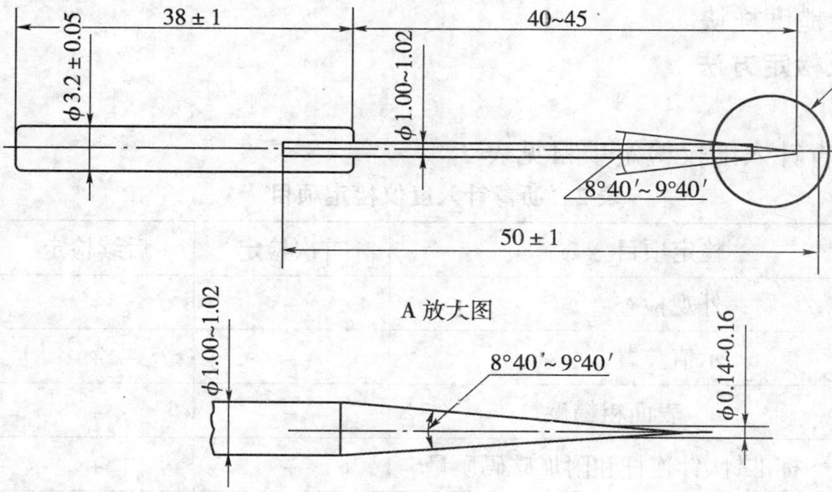

图 2 针入度仪标准针（尺寸单位：mm）

6 通用技术要求

6.1 针入度仪应有清晰的铭牌，标有型号、制造厂名、出厂日期、出厂编号等。

6.2 仪器外表不应有明显的损伤、缺陷和锈蚀。

6.3 自动式针入度仪，其示值显示应清晰准确，无缺笔画现象；指针式针入度仪，表盘刻线应清晰，指针运转平稳，无松动和弯曲现象，无影响读数的缺陷。

6.4 标准针表面应光洁，无锈蚀斑点，切平的圆锥面周边应平整，无毛刺。标准针的针体应牢固地装在一个黄铜或不锈钢的针柄中，每个针柄上打印具有唯一性的标志号码。

6.5 仪器上的开关、按钮等工作应灵活可靠。

6.6 机械、电气部分完整无损、工作可靠，各种附件齐全。

7 计量器具控制

7.1 检定条件

7.1.1 环境条件

7.1.1.1 环境温度：15℃～35℃。

7.1.1.2 相对湿度：不大于 85%。

7.1.1.3 电压：220×（1±10%）V；频率：50Hz。

7.1.1.4 检定应在清洁、无影响正常工作的振动、无腐蚀气体和电路干扰等情况的环境下进行。

7.1.2 检定用仪器设备

7.1.2.1 标准量块：尺寸分别为 1mm、5mm、10mm、20mm 的四等量块。

7.1.2.2 测量投影仪（或工具显微镜）：50X，示值误差优于 0.002mm。

7.1.2.3 天平：测量范围（0～200）g，分度值 0.01g。

7.1.2.4 外径千分尺:测量范围(0～25)mm,分度值 0.01mm。

7.1.2.5 游标卡尺:测量范围(0～150)mm,分度值 0.02mm。

7.1.2.6 秒表:分度值 0.01s。

7.1.2.7 标准温度计:测量范围(0～50)℃,分度值 0.1℃。

7.1.2.8 表面粗糙度样块。

7.2 检定项目及检定方法

7.2.1 检定项目

道路石油沥青针入度仪检定项目见表 2。

表 2 沥青针入度仪检定项目

<table>
<tr><th>序号</th><th colspan="2">检定项目</th><th>首次检定</th><th>后续检定</th><th>使用中检验</th></tr>
<tr><td>1</td><td colspan="2">外观检查</td><td>+</td><td>+</td><td>+</td></tr>
<tr><td>2</td><td colspan="2">示值装置</td><td>+</td><td>+</td><td>+</td></tr>
<tr><td rowspan="6">3</td><td rowspan="6">标准针及针连杆装置</td><td>表面粗糙度</td><td>+</td><td>+</td><td>+</td></tr>
<tr><td>标准针、针连杆和附加砝码质量</td><td>+</td><td>+</td><td>+</td></tr>
<tr><td>标准针针体的外形尺寸</td><td>+</td><td>+</td><td>–</td></tr>
<tr><td>标准针锥体的外形尺寸</td><td>+</td><td>+</td><td>–</td></tr>
<tr><td>针体的截锥与圆柱体交界面的同轴度</td><td>+</td><td>–</td><td>–</td></tr>
<tr><td>针体截端面与锥体轴线垂直度</td><td>+</td><td>–</td><td>–</td></tr>
<tr><td>4</td><td colspan="2">针偏离中心值</td><td>+</td><td>+</td><td>+</td></tr>
<tr><td>5</td><td colspan="2">时控器装置</td><td>+</td><td>+</td><td>+</td></tr>
<tr><td>6</td><td colspan="2">温控器装置</td><td>+</td><td>+</td><td>+</td></tr>
<tr><td colspan="6">注:“+”表示必检项目;“–”表示可免检项目,也可根据实际情况和用户要求进行检定。</td></tr>
</table>

7.2.2 检定方法

7.2.2.1 外观检查

通过目测、手感检查,并用投影仪观察标准针外观,其结果应符合第 6 章的要求。

7.2.2.2 示值装置的检定

a) 指针式针入度仪刻度盘示值允许误差的检定

将针连杆锁定在适当位置,在基座与针杆之间分别放上 1mm、5mm、10mm、20mm 的标准量块;调节升降装置,使针杆与量块顶部表面轻轻接触后,调整刻度盘指针使之指示值为零;然后移去量块,使针杆与基座表面轻轻接触,记下此时刻度盘上的相应指示值。重复做三次,取平均值,其结果应符合 5.1 的要求。

b) 数字式针入度仪数显装置示值允许误差的检定

将标准针杆锁定在适当位置,在基座与针杆之间分别放上 1mm、5mm、10mm、20mm 的标准量块;调节升降装置,使针杆与量块顶部表面轻轻接触,调整数显装置示值,使之为零;移去量块,用手托着针杆,启动仪器的释放装置,使针杆与基座表面轻轻接触,记录数显装置相应的指示值。重复做三次,取平均值,其结果应符合 5.1 的要求。

7.2.2.3 标准针及针连杆装置的检定

a） 标准针表面粗糙度的检定

用表面粗糙度样块检验标准针的表面粗糙度，其结果应符合 5.2.1 的要求。

b） 标准针、针连杆和附加砝码质量的检定

从针入度仪上卸下标准针、针连杆和附加砝码，用天平称量，分别记下标准针的质量、针与针连杆组合件的总质量和三者的总质量。重复做三次，取平均值，应符合 5.2.2 的要求。

c） 标准针针体的外形尺寸的检定

分别使用外径千分尺和游标卡尺（或其他量具），测量标准针的直径、标准针露在针柄外的长度，以及针柄的直径和长度。重复测三次，取平均值，应符合 5.2.3 的要求。

d） 标准针锥体外形尺寸的检定

采用测量投影仪，放大倍数为 50 倍。将标准针的锥部放在测量投影仪的测试台上，调节测试台使投影屏上清晰地显示针的锥部。读出针尖的顶部直径指示值；采用钢直尺对准针尖的一条斜边，调节投影仪测试台，使另一条斜边与投影屏直径吻合，并使之直径与钢直尺之间的夹角落在圆角上，这时测量该圆的圆心角，针锥角即为该圆心角的 1/2。重复测三次，取平均值，应符合 5.2.4 的要求。

e） 针体的截锥与圆柱体交界面的同轴度的检定

将针尖不少于 10mm 的长度部分放大 50 倍投影到投影仪的投影屏上；在一张图纸上画两条相距 60mm、长 500mm 的平行线，并在一端和距这端 245mm 处分别作平行线的垂直连接线；将图摆到投影屏上，使图的端线与针尖端面投影对齐，并使图的两平行线对称于针的圆柱段投影图像；然后测量两垂直连接线处与投影图像边界的距离，两边量值之差应小于 10mm（即应符合 5.2.5 的要求）。

f） 针体截端面与锥体轴线垂直度的检定

用投影仪检定针体轴线的垂直度，应符合 5.2.6 的要求。

7.2.2.4 针偏离中心值的检定

将仪器放置平稳，调节仪器水平；把标准针插入针连杆下端并固紧，在底座上放一玻璃片，取两张白纸，中间夹一张复印纸一并放在玻璃片上；将针连杆放下，使针尖与纸刚好接触，然后用手轻轻转动试杆一周，此时针头在纸上划出一个圆圈；测量圆圈的直径，其直径的一半即为针偏离中心值。重复测量三次，取平均值，结果应符合 5.2.7 的要求。

7.2.2.5 时控器装置的检定

a） 当采用手动针入度仪时，对仪器附带的计时器具进行校准。程序为：同时启动标准计时秒表和仪器附带的计时装置（一般也为秒表）；分别按 5s 和 60s 两个档的规定重复做三次，取平均值，应符合 5.3 的要求。

b） 当采用半自动针入度仪时，从针入度仪上取下针，将连杆锁定，将释放时间分别置于 5s 和 60s 两档，同时启动仪器的释放开关和标准计时秒表，当仪器显示达到 5s（或 60s）的瞬间停止标准计时秒表，记下标准秒表的指示值。重复进行三次，取平均值，应符合 5.3 的要求。

7.2.2.6 温控器装置的检定

a） 将恒温水浴控温指示设定在 25℃，待水浴温度恒定之后，使用经检定过的标准温

度计，或者其他温度测量装置（如温度巡检仪）在水浴的四角与中间五个点测水温，其平均值与显示装置的示值之差应符合 5.4 的要求。

必要时，分别在 5℃、15℃、25℃和 30℃重复上述程序。

b） 当采用玻璃液体温度计作为温控器时，可按 JJG 50—1996 进行检定。

7.3 检定结果的处理

7.3.1 针入度仪（不含标准针及针连杆装置）

检定合格的针入度仪发给检定证书，并加盖检定合格印；检定不合格的针入度仪发给检定结果通知书，并注明不合格项目。检定结果记录表见附录 A，检定证书背面格式见附录 C。

7.3.2 标准针及针连杆装置

检定合格的标准针及针连杆装置发给检定证书，并加盖检定合格印；检定不合格的标准针及针连杆装置发给检定结果通知书，并注明不合格项目。检定结果记录表见附录 B，检定证书背面格式见附录 C。

7.4 检定周期

道路石油沥青针入度试验仪检定周期一般不超过一年。

附录 A 道路石油沥青针入度试验仪检定记录表

<table>
<tr><td>送检单位</td><td></td><td>检定单位</td><td></td><td>证书编号</td><td></td></tr>
<tr><td rowspan="2">规格型号</td><td rowspan="2"></td><td rowspan="2">生产厂家</td><td rowspan="2"></td><td>出厂日期</td><td></td></tr>
<tr><td>出厂编号</td><td></td></tr>
<tr><td>检定环境条件</td><td></td><td>检定人员</td><td></td><td>核验人员</td><td></td></tr>
<tr><td>标准器</td><td></td><td>检定日期</td><td></td><td>核验日期</td><td></td></tr>
</table>

<table>
<tr><td>检　定　项　目</td><td colspan="12">检　定　记　录</td></tr>
<tr><td>外观检查</td><td colspan="12"></td></tr>
<tr><td>示值装置</td><td colspan="12"></td></tr>
<tr><td rowspan="2">针偏离中心值(mm)</td><td colspan="4">第 1 次</td><td colspan="4">第 2 次</td><td colspan="4">第 3 次</td></tr>
<tr><td colspan="4"></td><td colspan="4"></td><td colspan="4"></td></tr>
<tr><td rowspan="3">时控器装置(s)</td><td colspan="6">5s</td><td colspan="6">60s</td></tr>
<tr><td colspan="2">第 1 次</td><td colspan="2">第 2 次</td><td colspan="2">第 3 次</td><td colspan="2">第 1 次</td><td colspan="2">第 2 次</td><td colspan="2">第 3 次</td></tr>
<tr><td colspan="2"></td><td colspan="2"></td><td colspan="2"></td><td colspan="2"></td><td colspan="2"></td><td colspan="2"></td></tr>
<tr><td rowspan="3">温控器装置(℃)</td><td colspan="3">5℃</td><td colspan="3">15℃</td><td colspan="3">25℃</td><td colspan="3">30℃</td></tr>
<tr><td>第1次</td><td>第2次</td><td>第3次</td><td>第1次</td><td>第2次</td><td>第3次</td><td>第1次</td><td>第2次</td><td>第3次</td><td>第1次</td><td>第2次</td><td>第3次</td></tr>
<tr><td></td><td></td><td></td><td></td><td></td><td></td><td></td><td></td><td></td><td></td><td></td><td></td></tr>
</table>

注：该检定记录表未包括标准针及针连杆装置的检定记录，此项检定内容应另附记录表。

附录 B　道路石油沥青针入度试验仪标准针及针连杆装置检定记录表

<table>
<tr><td>送检单位</td><td></td><td>检定单位</td><td></td><td>证书编号</td><td></td></tr>
<tr><td rowspan="2">规格型号</td><td rowspan="2"></td><td rowspan="2">生产厂家</td><td rowspan="2"></td><td>出厂日期</td><td></td></tr>
<tr><td>出厂编号</td><td></td></tr>
<tr><td>检定环境条件</td><td></td><td>检定人员</td><td></td><td>核验人员</td><td></td></tr>
<tr><td>标准器</td><td></td><td>检定日期</td><td></td><td>核验日期</td><td></td></tr>
</table>

<table>
<tr><td>检　定　项　目</td><td colspan="18">检　定　记　录</td></tr>
<tr><td>外观检查</td><td colspan="18"></td></tr>
<tr><td rowspan="3">标准针、针连杆和附加砝码质量(g)</td><td colspan="6">标准针</td><td colspan="6">标准针 + 针连杆</td><td colspan="6">标准针 + 针连杆 + 附加砝码</td></tr>
<tr><td colspan="2">第1次</td><td colspan="2">第2次</td><td colspan="2">第3次</td><td colspan="2">第1次</td><td colspan="2">第2次</td><td colspan="2">第3次</td><td colspan="2">第1次</td><td colspan="2">第2次</td><td colspan="2">第3次</td></tr>
<tr><td colspan="2"></td><td colspan="2"></td><td colspan="2"></td><td colspan="2"></td><td colspan="2"></td><td colspan="2"></td><td colspan="2"></td><td colspan="2"></td><td colspan="2"></td></tr>
<tr><td rowspan="6">针体外形尺寸(mm)</td><td colspan="9">标准针外露长度</td><td colspan="9">标准针直径</td></tr>
<tr><td colspan="3">第 1 次</td><td colspan="3">第 2 次</td><td colspan="3">第 3 次</td><td colspan="3">第 1 次</td><td colspan="3">第 2 次</td><td colspan="3">第 3 次</td></tr>
<tr><td colspan="3"></td><td colspan="3"></td><td colspan="3"></td><td colspan="3"></td><td colspan="3"></td><td colspan="3"></td></tr>
<tr><td colspan="9">针柄直径</td><td colspan="9">针柄长度</td></tr>
<tr><td colspan="3">第 1 次</td><td colspan="3">第 2 次</td><td colspan="3">第 3 次</td><td colspan="3">第 1 次</td><td colspan="3">第 2 次</td><td colspan="3">第 3 次</td></tr>
<tr><td colspan="3"></td><td colspan="3"></td><td colspan="3"></td><td colspan="3"></td><td colspan="3"></td><td colspan="3"></td></tr>
<tr><td rowspan="3">锥体尺寸</td><td colspan="6">锥体角度</td><td colspan="6">锥端直径(mm)</td><td colspan="6">锥体长度(mm)</td></tr>
<tr><td colspan="2">第1次</td><td colspan="2">第2次</td><td colspan="2">第3次</td><td colspan="2">第1次</td><td colspan="2">第2次</td><td colspan="2">第3次</td><td colspan="2">第1次</td><td colspan="2">第2次</td><td colspan="2">第3次</td></tr>
<tr><td colspan="2"></td><td colspan="2"></td><td colspan="2"></td><td colspan="2"></td><td colspan="2"></td><td colspan="2"></td><td colspan="2"></td><td colspan="2"></td><td colspan="2"></td></tr>
<tr><td>标准针表面粗糙度</td><td colspan="18"></td></tr>
<tr><td>同轴度</td><td colspan="18"></td></tr>
<tr><td>垂直度</td><td colspan="18"></td></tr>
</table>

附录 C　道路石油沥青针入度试验仪检定证书背面格式

道路石油沥青针入度试验仪检定证书背面格式由表 C.1 和表 C.2 组成。

表 C.1　道路石油沥青针入度试验仪(不含标准针及针连杆装置)检定证书背面格式

检定项目	技术要求	检定结果
外观		
示值装置		
针偏离中心值		
时控器装置		
温控器装置		

注:标准针及针连杆装置应另附检定证书。

表 C.2　道路石油沥青针入度试验仪标准针及针连杆装置检定证书背面格式

检定项目	技术要求	检定结果
外观		
标准针、针连杆和附加砝码质量		
针体外形尺寸		
锥体外形尺寸		
表面粗糙度		
同轴度		
垂直度		

中华人民共和国交通部部门计量检定规程

JJG(交通)068—2006

核子密湿度仪

Nuclear Density and Moisture Gage

2006-06-23 发布　　　　2006-10-01 实施

中华人民共和国交通部 发布

核子密湿度仪

1 范围

本规程适用于核子密湿度仪的首次检定、后续检定和使用中检验。

2 引用文献

本规程引用下列文献：

JTJ 059—95 公路路基路面现场测试规程

GB 16368 含密封源仪表的放射卫生防护标准

使用本规程时应注意使用引用文献的现行有效版本。

3 概述

核子密湿度仪是通过测量放射源发出的 γ 射线在被测物质中的散射来测量被测物质的密度；通过测量放射源发出的中子射线在被测物质中散射慢化的热中子来测量被测物质的含水量。

核子密湿度仪包括以下三种：

第一种是表面型核子密湿度仪：密度测量深度 0m～0.15m；

第二种是透射式核子密湿度仪：密度测量深度 0m～0.3m；

第三种是深层核子密湿度仪：密度和含水量测量深度 0.3m 以下。

第一、二种仪器的含水量测量深度均为 0.15m。

三种仪器的结构示意图见图 1～图 3。

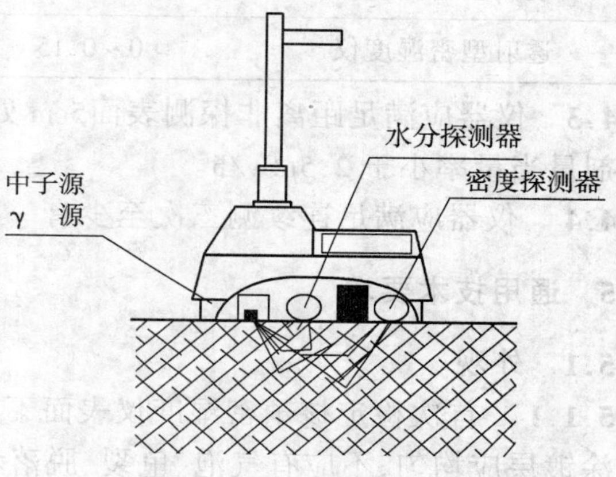

图 1 表面型核子仪

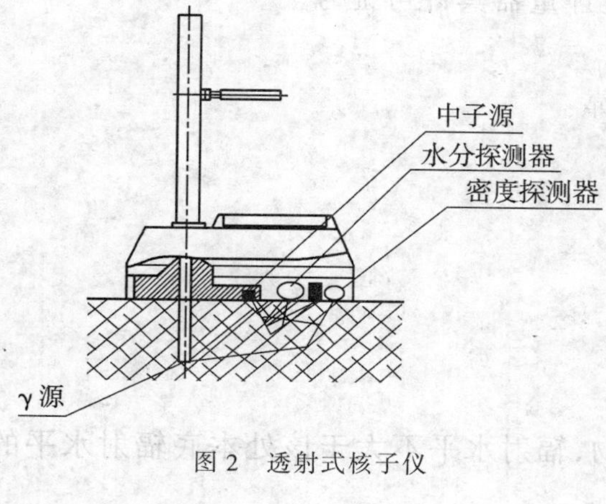

图 2 透射式核子仪

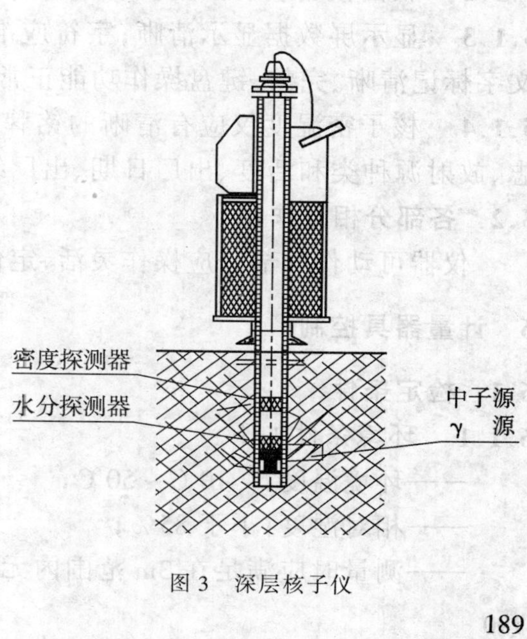

图 3 深层核子仪

4 计量性能要求

4.1 密湿度测量值见表1。

表 1

类型		测量深度(m)	测量范围(kg/m^3)	测量误差(kg/m^3)
深层型密湿度仪		0.3～10	1125～2740	±30
表面型密湿度仪		0～0.15	1125～2740	±30
透射型密湿度仪	表面档	0～0.15	1125～2740	±30
	透射档	0.15～0.3		±20

4.2 含水量测量值见表2。

表 2

类型	测量深度(m)	测量范围(kg/m^3)	测量误差(kg/m^3)
深层型密湿度仪	0.3～10	0～640	±15
表面型密湿度仪	0～0.15	0～640	±15
透射型密湿度仪	0～0.15	0～640	±15

4.3 仪器应满足距离非探测表面5cm处的剂量当量率小于25μSv/h，距离表面100cm处的剂量当量率小于2.5μSv/h。

4.4 仪器应满足连续测三次至少有一次CHI值在0.75～1.25之间。

5 通用技术要求

5.1 外观

5.1.1 首次检定核子密湿度仪表面不应有明显的凹痕、划伤、裂缝、变形和污染等。表面涂镀层应均匀，不应有气泡、龟裂、脱落和磨损。金属零部件不应有锈蚀及其他机械损伤。

5.1.2 软面板安装后四周及表面应平整不能有气泡，四周间隙不超过0.5mm。

5.1.3 显示屏数据显示清晰；字符应准确、完整、清晰，显示数据正确；对比度调节平滑；文字标记清晰、完整；键盘操作功能正常，按键应灵活，不易脱落。

5.1.4 核子密湿度仪应有清晰的铭牌，铭牌应包括产品型号、名称、厂名厂址、放射性标志、放射源种类和活度、出厂日期、出厂编号和制造计量器具许可证号。

5.2 各部分相互作用

仪器可动作的部分应操作灵活，定位准确、可靠。

6 计量器具控制

6.1 检定条件

6.1.1 环境条件如下：

——环境温度：－10℃～50℃；

——相对湿度：小于85%；

——测量时应满足在3m范围内无高大障碍物，辐射水平不大于该处本底辐射水平的两倍。

6.1.2 检定用计量标准试件和检测设备如下：

——铝标准件、铝镁标准件、镁标准件、铝聚乙烯标准件和原土标准件：精确度3‰；

——中子剂量当量仪：精确度20%；

——γ剂量率仪：精确度10%；

——米尺：精确度1‰。

6.2 检定项目

检定项目见表3。

表 3

序号	检定项目	首次检定	后续检定	使用中检定
1	外观	+	+	+
2	使用功能	+	+	+
3	标准计数	+	+	+
4	测量示值	+	+	+
5	辐射剂量	+	+	+
注：“+”应检定项目，“-”可免检定项目				

7 检定方法

7.1 外观

目测应满足5.1，出厂时间应不足10年。

7.2 使用功能

操作仪器应满足5.2。

7.3 标准计数

将核子仪与标准块放置在一起，运行核子仪标准计数程序应满足4.4。

7.4 测量示值

仪器对标准件进行测量，三次测量结果的平均值应满足4.1和4.2。测量结果填入附录A或附录B。

7.5 辐射剂量

按GB 16368的规定，使用中子剂量当量仪和γ剂量率仪进行测量应满足4.3，把测量结果填入附录C。

8 检定结果处理和检定周期

8.1 经检定符合本规程检定要求的核子密湿度仪发给检定证书（见附录D），不符合本规程要求的发给检定结果通知书（见附录E），并注明不合格项目。

8.2 仪器检定周期为12个月，超过12个月不检定的仪器不能使用，出厂时间超过10年的仪器不能检定。

附录 A

表面型、深层型核子密湿度仪检定记录表

表面型、深层型核子密湿度仪检定记录表包括的内容如下：

送检单位________ 制造商________ 检定证号________
产品型号________ 出厂编号________ 检定日期________
产品名称________ 出厂日期________ 检定员________
环境温度________ 相对湿度________ 核验员________
主标准器名称________ 编号________ 准确度________

湿密度测量结果记录表

密度	铝试件（kg/m^3）	铝镁试件（kg/m^3）	镁试件（kg/m^3）
1			
2			
3			
平均值			
平均值与标准值之差			

含水量测量结果记录表

含水量	镁试件（kg/m^3）	铝聚乙烯试件（kg/m^3）
1		
2		
3		
平均值		
平均值与标准值之差		

附录 B

透射型核子密湿度仪检定记录表

透射型核子密湿度仪检定记录表包括的内容如下：

送检单位＿＿＿＿	制造商＿＿＿＿	检定证号＿＿＿＿
产品型号＿＿＿＿	出厂编号＿＿＿＿	检定日期＿＿＿＿
产品名称＿＿＿＿	出厂日期＿＿＿＿	检定员＿＿＿＿
环境温度＿＿＿＿	相对湿度＿＿＿＿	核验员＿＿＿＿
主标准器名称＿＿＿＿	编号＿＿＿＿	准确度＿＿＿＿

含水量测量结果记录表

含水量	镁试件（kg/m^3）	铝聚乙烯试件（kg/m^3）
1		
2		
3		
平均值		
平均值与标准值之差		

密湿度测量结果记录表

密度	次数	铝试件（kg/m^3）	铝镁试件（kg/m^3）	镁试件（kg/m^3）
表面（BS）	1			
	2			
	3			
	平均值			
	平均值与标准值之差			
表面（AC）	1			
	2			
	3			
	平均值			
	平均值与标准值之差			
50cm	1			
	2			
	3			
	平均值			
	平均值与标准值之差			

（续表）

密度	次数	铝试件（kg/m^3）	铝镁试件（kg/m^3）	镁试件（kg/m^3）
100cm	1			
	2			
	3			
	平均值			
	平均值与标准值之差			
150cm	1			
	2			
	3			
	平均值			
	平均值与标准值之差			
200cm	1			
	2			
	3			
	平均值			
	平均值与标准值之差			
250cm	1			
	2			
	3			
	平均值			
	平均值与标准值之差			
300cm	1			
	2			
	3			
	平均值			
	平均值与标准值之差			

附录 C

核子密湿度仪辐射剂量检定记录表

核子密湿度仪辐射剂量检定记录表包括的内容如下：

送 检 单 位__________ 制 造 商__________ 检定证号__________

产 品 型 号__________ 出厂编号__________ 检定日期__________

产 品 名 称__________ 出厂日期__________ 检 定 员__________

环 境 温 度__________ 相对湿度__________ 核 验 员__________

主标准器名称__________ 编　　号__________ 准 确 度__________

检测项目		校验结果(μSv/h)
辐射剂量	距表面 5cm 剂量最大处	
	距表面 100cm 剂量最大处	

附录 D

核子密湿度仪检定证书(内页格式)

核子密湿度仪检定证书内页格式见表 D.1。

表 D.1

检定项目	检 定 结 果
外观	
辐射剂量	
使用功能	
标准计数	
测量示值	
检定结论：	
检定依据：JJG（交通）068—2006	

附录 E

核子密湿度仪检定结果通知书(内页格式)

核子密湿度仪检定结果通知书内页格式见表 E.1。

表 E.1

检定项目	检 定 结 果
外观	
辐射剂量	
使用功能	
标准计数	
测量示值	

JJG

中华人民共和国交通部部门计量检定规程

JJG(交通) 069—2006

土壤液塑限检测仪

Liquid & Plastic Limit Gauge

2006-06-23 发布　　2006-10-01 实施

中华人民共和国交通部 发布

土壤液塑限检测仪

1 范围

本规程适用于土壤液塑限检测仪的首次检定、后续检定和使用中检验。

2 引用文献

本规程引用下列文献：

JTJ 051—93 公路土工试验规程

GB/T 50123—1998 土工试验方法标准

使用本规程时应注意使用引用文献的现行有效版本。

3 概述

土壤液塑限检测仪是室内进行土壤的液限、塑限测定的基本设备，能为划分土类、计算天然稠度提供可靠数据。

目前主要有智能土壤液塑限检测仪、数字式土壤液塑限检测仪和光电式土壤液塑限检测仪，组成如下：

——光电式土壤液塑限检测仪由圆锥仪、光学投影、电磁控制三部分组成；

——数字式土壤液塑限检测仪由圆锥体、数字显示、电磁控制三部分组成；

——智能式土壤液塑限检测仪采用微型计算机控制，能自动定时、测量、运算。

以智能式土壤液塑限检测仪为例，其组成和结构如图1所示。

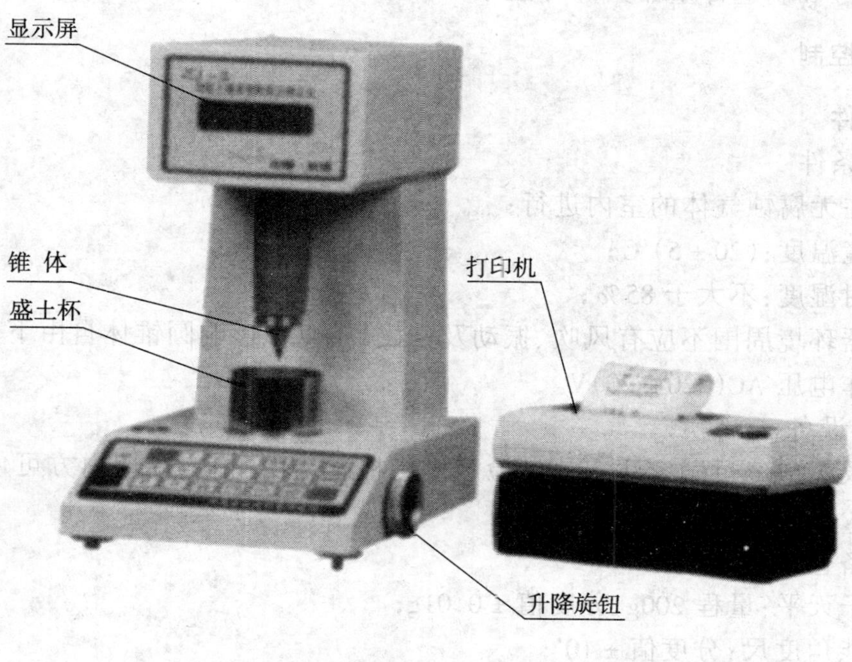

图 1

4 计量性能要求

4.1 圆锥体质量：(100±0.2)g；

(76±0.2)g。

4.2 圆锥体锥尖角度：(30±0.2)°。

4.3 盛土杯尺寸：

大杯：内径(50±0.5)mm，深 40mm～50mm；

小杯：内径(40±0.5)mm，深 30mm～40mm。

4.4 测量误差：不大于 2%。

4.5 测量时间：(5±0.1)s。

5 通用技术要求

5.1 仪器表面不应有明显的凹痕、裂缝和污染等，不应有起泡、脱落和磨损，金属部件不应有锈蚀及其他机械损伤。软面板安装后，四周及表面应平整不能有气泡，四周间隙不超过 0.5mm。

5.2 仪器显示应清晰、准确、完整，键盘操作功能正常，按键应灵活，接触指示的显示应灵敏。对于仪器可动作的部分应操作轻便、准确、可靠，不得有阻塞现象。

5.3 对于光电式土壤液塑限检测仪的聚光投影应清晰，屏幕上的微分尺装置应符合国家法定计量单位。

5.4 标准圆锥应锥体光滑、均匀，锥体锥尖角度准确，目测观察不到加工后留下的纹路，安装方便。

5.5 仪器应在明显固定位置设有产品标牌，标牌应包括产品型号、名称、厂名厂址、出厂日期、出厂编号和制造计量器具许可证号。

6 计量器具控制

6.1 检定条件

6.1.1 环境条件

检定应在无腐蚀气体的室内进行：

——环境温度：(20±5)℃；

——相对湿度：不大于 85%；

——仪器环境周围不应有风吹、振动及强磁场，以免影响圆锥体自由下落；

——工作电压 AC(220±20)V。

6.1.2 检测设备

检定用仪器应经过国家法定计量检定机构检定，且在检定周期内方可使用，在用于检定前应进行校核。

检测设备包括：

a） 电子天平：量程 200g，分度值 ±0.01g；

b） 万能角度尺：分度值 ±10′；

c） 秒表：分度值 ±0.01s；

d） 游标卡尺：分度值 ±0.02mm；

e） 块规：国家一级。

6.2 检定项目

检定项目见表1。

表 1

序号	检定项目	主要检定工具	首次检定	后续检定	使用中检验
1	外观		+	+	+
2	运行状况		+	+	+
3	圆锥体质量	天平	+	+	+
4	锥角	万能角度尺	+	+	+
5	盛土杯尺寸	游标卡尺	+	+	+
6	测量时间	秒表	+	+	+
7	测量误差	块规	+	+	+
注：表中“+”表示应检定项目					

7 检定方法

各项直接测量指标，均取三次测量平均值。

7.1 外观检定：用目测法，目测要求应符合5.3、5.4、5.5。首次检定还应符合5.1。

7.2 运行状态的检定：操作仪器应符合5.2。

7.3 圆锥体质量的检定：用天平称量100g锥体时，所称物品为锥杆、锥尖和配重块；称量76g锥体时，所称物品为锥杆、锥尖；对于光电式土壤液塑限检测仪，所称物品为圆锥仪，检定结果应满足4.1。

7.4 圆锥角度的检定：用万能角度尺测量圆锥体锥尖的角度，检定结果应满足4.2。

7.5 盛土杯尺寸的检定：用游标卡尺测量，检定结果应满足4.3。

7.6 测量误差的检定：在0~22mm范围内，设5、10、15、20mm四个标定点，用一级块规标定。标定的每一点的误差均应满足4.4。误差计算公式为：

$$|测量值-标准值|\div 标准值\leqslant 2\%$$

7.7 测量时间的检定：检定采用秒表（分度值0.1s）测量，其结果应满足4.5。

8 检定结果处理和检定周期

8.1 检定结果填写在附录A中。经检定符合本规程要求的土壤液塑限检测仪发给检定证书（见附录B），不符合本规程的发给检定结果通知书（见附录C），并注明不合格项目。

8.2 土壤液塑限检测仪的检定周期为1年。

附录 A

土壤液塑限检测仪检定结果记录

土壤液塑限检测仪检定记录包括的内容如下：

送检单位＿＿＿＿＿＿ 制造厂商＿＿＿＿＿＿ 检定证号＿＿＿＿＿＿

产品型号＿＿＿＿＿＿ 出厂编号＿＿＿＿＿＿ 检定日期＿＿＿＿＿＿

产品名称＿＿＿＿＿＿ 出厂日期＿＿＿＿＿＿ 环境温度＿＿＿＿＿＿

序号	项 目		单 位	技术要求		实验数据				结果
						1	2	3	平均	
1	外观									
2	运行状况									
3	圆锥体质量		g	100 ± 0.2						
				76 ± 0.2						
4	锥尖角度		°	30 ± 0.2						
5	测量误差		%	5	示值					
					误差					
				10	示值					
					误差					
				15	示值					
					误差					
				20	示值					
					误差					
6	盛土杯尺寸	大杯 内径	mm	50 ± 0.5						
		大杯 深	mm	40 ~ 50						
		小杯 内径	mm	40 ± 0.5						
		小杯 深	mm	30 ~ 40						
备注										
检定结果										
检定员						核验员				

附录 B

土壤液塑限检测仪检定证书(内页格式)

土壤液塑限检测仪检定证书内页格式见表 B.1:

表 B.1

检定项目	检 定 结 果
外观	
运行状态	
圆锥体质量	
锥尖角度	
盛土杯尺寸	
测量误差	
测量时间	
检定结论:	
检定依据:JJG(交通)069—2006	

附录 C

土壤液塑限检测仪检定结果通知书（内页格式）

土壤液塑限检测仪检定结果通知书内页格式见表 C.1：

表 C.1

检定项目	检 定 结 果
外观	
运行状态	
圆锥体质量	
锥尖角度	
盛土杯尺寸	
测量误差	
测量时间	

JJG

中华人民共和国交通部部门计量检定规程

JJG(交通) 070—2006

混凝土超声检测仪

Ultrasonic Test Instrument of Concrete

2006-06-23 发布 2006-10-01 实施

中华人民共和国交通部 发布

混凝土超声检测仪检定规程

1 范围

本规程适用于混凝土超声检测仪的首次检定、后续检定和使用中检验。

2 概述

混凝土超声检测仪是进行混凝土无损检测的专用检测仪,用于检测混凝土强度和内部缺陷。混凝土超声检测仪分为模拟式和数字式两类。模拟式由发射部分、接收部分、显示系统、计时系统、同步系统和电源部分组成。其原理是将电源电压提升至高压(分档),产生重复的高压脉冲,提供给发射部分激励发射探头发出超声脉冲波,将接收探头所接收到的信号经过衰减器后加以放大,再送到显示系统,同时也作为关门信号送到计时系统,同步系统将间断重复进行的脉冲波(发生和接收的)用一个同步信号来统一。数字式是将接收放大后的信号通过信号采集器采集,并将采集到的一系列离散信号转化为数字量加以存储,再将数字量转化为模拟量(D/A 转换)显示出来。

3 计量性能要求

3.1 声时测量精度

电信号测量相对误差优于 ±0.5%,声信号测量相对误差优于 ±1.0%。

3.2 幅值准确度

相对误差优于 ±3.0%。

3.3 接收系统频率响应

10kHz ~ 250kHz 频率范围内不均匀度不小于 12dB。

4 通用技术条件

4.1 外观

外观应无裂纹,文字和标志清晰,紧固部件无松动,用力晃动声波仪机内无异常响动。

4.2 显示

检测仪数字、波形、符号,显示应清晰、完整。

4.3 一般要求

检测仪的各操作键及接插头应工作可靠,各种操作功能应运行正常。

4.4 铭牌

检测仪应有清晰的铭牌,标有检测仪名称、规格型号、制造厂名、出厂日期、出厂编号。

5 计量器具控制

计量器具控制包括首次检定、后续检定和使用中检验。

5.1 检定条件

5.1.1 环境条件

5.1.1.1 温度:(20 ± 5)℃,每小时温度变化应不大于 2℃。

5.1.1.2 相对湿度:(55±25)%。

5.1.1.3 在无强磁场、电场及强烈的机械振动干扰的室内进行。

5.1.2 检定用设备

5.1.2.1 信号发生器:频率范围 2kHz~300kHz,失真度小于 1%,输出电平的频响优于±0.5dB,可输出猝发音信号。

5.1.2.2 衰减器:频率范围 DC~30MHz,每 12dB 误差不超过±0.2dB。

5.1.2.3 数字电压表:准确度优于±1.0%。

5.1.2.4 游标卡尺:0mm~500mm,分度值 0.02mm。

5.1.2.5 电阻:1MΩ,2W。

5.1.2.6 空气声程调节装置:可在 0mm~320mm 间调节。

5.2 检定项目和检定方法

5.2.1 检定项目

检定项目见表 1,检定记录表格式见附录 A。

表 1 检定项目一览表

检定项目	首次检定	后续检定	使用中检验
外观	+	+	+
铭牌	+	+	+
显示	+	+	+
一般要求	+	+	+
声时测量精度	+	+	+
幅值准确度	+	+	+
接收系统频率响应	+	+	+
注:表中"+"表示必检项目;"-"表示可免检项目,也可根据实际情况和用户要求进行检定			

5.2.2 外观

通过目测和手感检查外观。

5.2.3 铭牌

在外观检查时,通过目测检查检定铭牌的内容。

5.2.4 显示

检测仪通电并经开机和预热后,目测显示情况。

5.2.5 一般要求

结合显示的检查,通过操作一并进行。

5.2.6 声时测量精度

5.2.6.1 声信号方法声时测量精度

5.2.6.1.1 按图 1 连接检测仪和发射、接收探头。

5.2.6.1.2 调节发射和接收探头之间的距离至约 20mm,发射电压至最大,发射方式为"连发",调节接收声波使首波周期占显示时间轴 1/3~1/6,首波峰—峰值为满屏显示的 2/3,按照检测仪使用说明书提供的方法,测出零声时并予以消除。

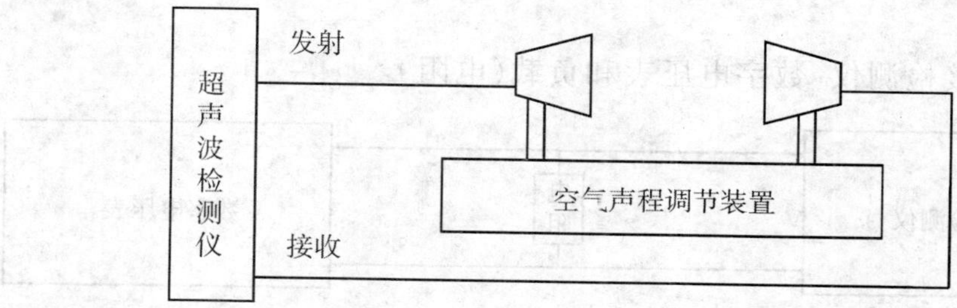

图1　声信号方法声时测量精度检定装置

5.2.6.1.3　调节发射和接收探头之间的距离（用游标卡尺测量），每增加 60.0mm 测量一次声时，直至探头之间距离增加至 320mm 为止。

5.2.6.1.4　测量过程中应注意调节检测仪始终保持首波峰—峰值为满屏显示的 2/3，温度变化应不超过 ±0.5℃。

5.2.6.1.5　声时测量精度按公式（1）计算。

$$\delta_t = \frac{t_1 - d/(331.4\sqrt{1+0.00367T})}{d/(331.4\sqrt{1+0.00367T})} \times 100\% \tag{1}$$

式中：δ_t——声时测量精度，%；

t_1——检测仪声时测量值，s；

d——发射和接收探头之间的距离，mm；

T——空气中的温度，℃。

5.2.6.2　电信号方法声时测量精度

5.2.6.2.1　按图 2 连接检测仪和信号发生器。

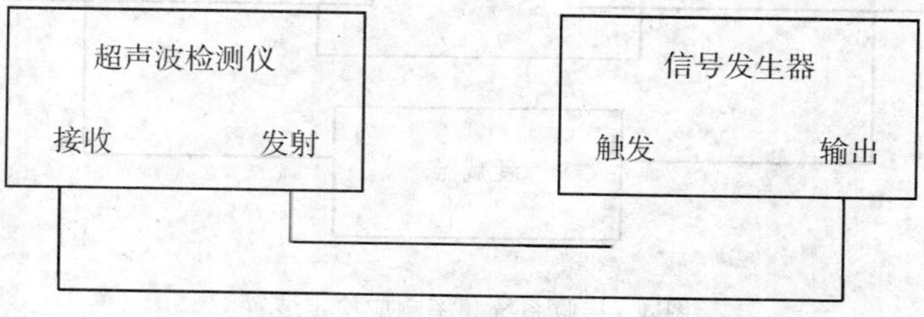

图2　电信号方法声时测量精度检定装置

5.2.6.2.2　调节信号发生器输出频率至 50kHz，波数为 10 个，猝发音延时为 50μs，调节检测仪首波峰—峰值为满屏显示的 2/3，按照检测仪使月说明书提供的方法，测出零声时并予以消除。

5.2.6.2.3　调节信号发生器猝发音延时，每 500μs 检测仪做一次测量，直至检测仪测量上限（5ms 后可 1ms 测量一次）。

5.2.6.2.4　声时测量精度按公式（2）计算。

$$\delta_t = \frac{t_1 - t}{t} \times 100\% \tag{2}$$

式中：δ_t——声时测量精度，%；

t_1——检测仪声时测量值，ms；

t——猝发音延时，ms。

5.2.7 幅值准确度

5.2.7.1 按图3连接检测仪、数字电压表和负载（电阻）。

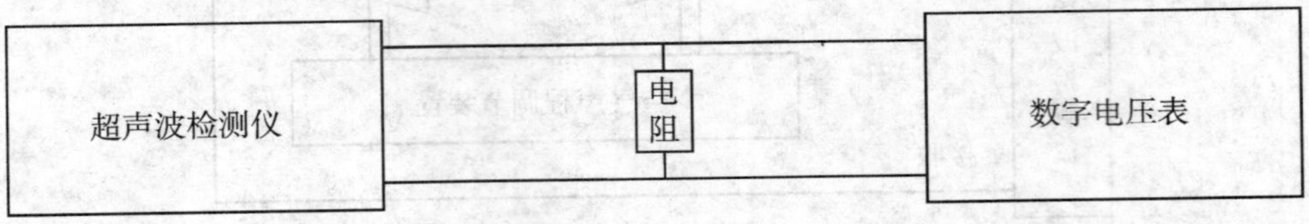

图3 幅值准确度检定装置

5.2.7.2 将检测仪发射电压置于最大，直接用数字电压表测量检测仪发射电压幅值，并在一小时内均匀间隔测量五次，取平均读数。

5.2.7.3 幅值准确度按公式(3)计算。

$$\delta_V = \frac{V_1 - V_2}{V_2} \times 100\% \tag{3}$$

式中：δ_V——幅值准确度，%；

V_1——检测仪发射电压，V；

V_2——数字电压表测量值，V。

5.2.8 接收系统频率响应

5.2.8.1 按图4连接检测仪、信号发生器和衰减器。

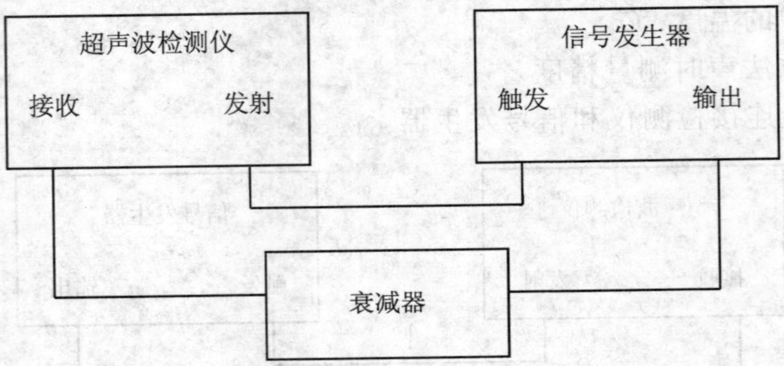

图4 接收系统频率响应检定装置

5.2.8.2 检测仪量程控制于标称量程上限下30dB（测量档），信号发生器的频率调节至50kHz，调节信号发生器输出及衰减器至相当位置，检测仪调节接收声波使首波周期占显示时间轴1/3～1/6，首波峰—峰值为满屏显示的2/3。

5.2.8.3 在10kHz～250kHz频率范围调节信号发生器的频率，调节衰减器，使检测仪接收的信号同5.2.6.2等幅。衰减器的调节范围不超过12dB，即为满足接收系统频率响应。

5.3 检定结果处理

经检定合格的检测仪发给检定证书，检定证书内页格式见附录B。检定不合格的检测仪发给检定结果通知书，并注明不合格项目。

5.4 检定周期

检定周期一般不超过一年。

附录 A

检定记录表格式

混凝土超声波检测仪检定记录

送检单位＿＿＿＿＿＿ 环境温度＿＿＿＿ 检定证号＿＿＿＿ 检定日期＿＿＿＿

型号规格＿＿＿＿＿＿ 制造厂商＿＿＿＿ 出厂编号＿＿＿＿ 出厂日期＿＿＿＿

测量范围＿＿＿＿＿＿ 分度值＿＿＿＿ 最小测量值＿＿＿＿

序号	项目			单位	技术要求	检定数据		结果
						测量值(s 或 μs)	δ_t	
1	外观							
2	铭牌							
3	显示							
4	一般要求							
5	声时测量精度	声信号	20mm	%	±1.0			
			80mm					
			140mm					
			200mm					
			260mm					
			320mm					
		电信号	50μs	%	±0.5			
			550μs					
			1050μs					
			1550μs					
			2050μs					
			2550μs					
			3050μs					
			3550μs					
			4050μs					
			4550μs					
			5050μs					
			6050μs					
			7050μs					
			8050μs					
			9050μs					
6	幅值准确度			%	±3.0	1(V)　2(V)　3(V)　4(V)　5(V)　δ_V		
7	接收系统频率响应			dB	≤12			

备注		检定结论	
检定员		核验	

附录 B

检定证书（内页格式）

<table>
<tr><th colspan="2">项　　目</th><th>单位</th><th>技术要求</th><th>实 测 数 据</th></tr>
<tr><td rowspan="2">声时测量精度</td><td>声信号</td><td>%</td><td>±1.0</td><td></td></tr>
<tr><td>电信号</td><td>%</td><td>±0.5</td><td></td></tr>
<tr><td colspan="2">幅值准确度</td><td>%</td><td>±3.0</td><td></td></tr>
<tr><td colspan="2">接收系统频率响应</td><td>dB</td><td>≤12</td><td></td></tr>
<tr><td colspan="5">备注</td></tr>
</table>

JJG

中华人民共和国交通部部门计量检定规程

JJG(交通) 071—2006

沥青混合料和水泥混凝土搅拌设备计量系统

Asphalt Mixture and Cement Concrete Mixing Device Measure System

2006-06-23 发布　　　　2006-10-01 实施

中华人民共和国交通部 发布

JJG

中华人民共和国交通部部门计量检定规程

JJG(交通)071—2006

沥青混合料和水泥混凝土搅拌设备计量系统

Asphalt Mixture and Cement Concrete Mixing Device Measure System

2006-06-23发布　　　　2006-10-01实施

中华人民共和国交通部　发布

沥青混合料和水泥混凝土搅拌设备计量系统

1 范围

本规程适用于沥青混合料搅拌设备计量系统和水泥混凝土搅拌设备计量系统的首次检定、后续检定和使用中检验。

2 引用文献

本规程引用下列文献：

GB/T 10172—1988 混凝土搅拌站（楼）技术条件

JT/T 270—2002 强制间歇式沥青混合料搅拌设备

使用本规程时应注意使用上述引用文献的现行有效版本。

3 概述

沥青混合料和水泥混凝土搅拌设备计量系统（以下简称计量系统）是沥青混合料和水泥混凝土拌制过程中进行组成材料配制和搅拌参数控制的专用设施，按用途分为沥青混合料搅拌设备计量系统和水泥混凝土搅拌设备计量系统。该系统的基本工作原理：以质量计量或容量计量的方式进行组成材料配制，以温度传感器的方式进行温度参数控制。沥青混合料搅拌设备计量系统包括沥青计量装置、粉料计量装置、热集料计量装置、沥青温度计量装置、热集料出料温度计量装置、成品料出料温度计量装置和烟气温度计量装置；水泥混凝土搅拌设备计量系统包括水泥计量装置、水计量装置、集料计量装置、掺合剂计量装置和外加剂计量装置，根据沥青混合料和水泥混凝土搅拌设备生产能力和结构特点不同，其组成材料配制的计量装置可能仅包括部分计量装置。

4 性能要求

4.1 组成材料配制计量装置示值相对误差（静态）

4.1.1 组成材料配制计量装置示值相对误差（静态）见表1。

表1 组成材料配制计量装置示值相对误差（静态） 单位：%

组成材料配制计量装置	沥青混合料搅拌设备	水泥混凝土搅拌设备
沥青计量装置	0.25	—
水泥计量装置	—	0.50
水计量装置	—	1.00
集料计量装置	0.50	1.00
粉料计量装置	0.50	1.00
掺合剂计量装置	0.50	1.00
外加剂计量装置	0.50	1.00

4.1.2 组成材料配制计量装置以容量计量方式通过时间确定配制量的，应折算成单位时

间内的质量。

4.2 组成材料配制计量装置最大允许预设值误差(动态)

组成材料配制计量装置最大允许预设值误差(动态)见表2。

表2 组成材料配制计量装置最大允许预设值误差(动态) 单位:%

组成材料配制计量装置	沥青混合料搅拌设备		水泥混凝土搅拌设备
	新制造	使用中、修理后	
沥青计量装置	2.00	2.00	—
水泥计量装置	—	—	1.00
水计量装置	—	—	2.00
集料计量装置	2.50	5.00	2.00
粉料计量装置	2.50	5.00	2.00
掺合剂计量装置	2.50	5.00	2.00
外加剂计量装置	2.50	5.00	2.00

4.3 组成材料配制计量装置偏载误差

组成材料配制计量装置偏载误差应不超过示值相对误差(静态)。

4.4 组成材料配制计量装置最小分度值

组成材料配制计量装置最小分度值见表3。

表3 组成材料配制计量装置最小分度值 单位:kg

组成材料配制计量装置	沥青混合料搅拌设备	水泥混凝土搅拌设备
沥青计量装置	0.1	—
水泥计量装置	—	0.1
水计量装置	—	0.1
集料计量装置	1.0	1.0
粉料计量装置	0.2	0.2
掺合剂计量装置	0.2	0.2
外加剂计量装置	0.2	0.2

4.5 温度参数控制计量装置的示值相对误差、最大波动值和最小分度值

温度参数控制计量装置的示值相对误差、最大波动值和最小分度值见表4。

表4 温度参数控制计量装置的示值相对误差、最大波动值和最小分度值 单位:℃

温度参数控制计量装置	示值相对误差	最大波动值	最小分度值
沥青温度计量装置	3.0	6.0	1.0
热集料出料温度计量装置	3.0	9.0	1.0
成品料出料温度计量装置	3.0	6.0	1.0
烟气温度计量装置	3.0	—	1.0

5 通用技术要求

5.1 计量系统应有铭牌，内容应包括系统名称、规格型号、生产能力、出厂编号、生产厂家及制造许可证标记和编号，计量系统各计量装置应明示材料名称或温度参数名称、测量范围、分度值和编号。

5.2 组成材料配制计量装置应设隔振装置，在垂直方向应无卡阻现象。

5.3 组成材料配制计量装置应备有置零装置，能扣除装置自有质量。组成材料配制计量装置工作时置零装置应锁住。

5.4 组成材料配制计量装置计量仓有效容量应满足：

a） 集料计量仓有效容量不小于沥青混合料搅拌设备或水泥混凝土搅拌设备额定容量的120%。

b） 液体料和粉状料计量仓有效容量不小于沥青混合料搅拌设备或水泥混凝土搅拌设备额定容量的15%。

5.5 温度参数控制计量装置显示的时间及时间间隔应符合沥青混合料搅拌设备的要求。

6 计量器具控制

计量器具控制包括首次检定、后续检定和使用中的检验。

6.1 检定条件

6.1.1 检定环境条件

检定应在地面平整坚实的场地进行，气候环境为无雨，风速不大于3.0m/s。

6.1.2 检定用设备

6.1.2.1 标准砝码或相应等级测力计：0.01kg～2kg组砝码2组，20kg或25kg砝码若干只（累计应满足集料计量仓额定容量，但最大累计为4t），准确度等级M_2级。

6.1.2.2 称重仪或相应等级衡器：测量范围不小于1t，准确度优于0.5%。

6.1.2.3 标准温度计或相应等级测温仪器：测量范围0～200℃，准确度等级2级。

6.1.2.4 秒表：分度值0.2s。

6.1.2.5 风速仪。

6.1.2.6 检定用材料：沥青、水泥、水、砂、石子和粉料等。

6.2 检定项目和检定方法

6.2.1 检定项目

检定项目见表5，记录表格见附录A和附录B。

表5 检定项目一览表

检定项目		首次检定	后续检定	使用中检验
外观	铭牌与标记	+	+	+
	隔振与垂直移动	+	+	+
置零装置		+	+	+
组成材料配制计量装置最小分度值		+	+	−

续表 5

检定项目	首次检定	后续检定	使用中检验
组成材料配制计量装置示值相对误差(静态)	+	+	+
组成材料配制计量装置偏载误差	+	+	+
组成材料配制计量装置最大允许预设值误差(动态)	+	−	−
温度参数控制计量装置最小分度值	+	−	−
温度参数控制计量装置示值相对误差	+	−	−
温度参数控制计量装置最大波动值	+	−	−
组成材料配制计量装置计量仓有效容量	+	−	−
注:表中"+"表示必检项目;"−"表示可免检项目,也可根据实际情况和用户要求进行检定。			

6.2.2 外观

先用目力观察检查系统各计量装置的铭牌和标记,然后用手推动各组成材料配制计量装置检查隔振装置和卡阻现象。

6.2.3 组成材料配制计量装置的置零装置检定

启动计量系统预热后,各组成材料配制计量装置置零,然后根据各组成材料配制计量装置最小分度值分别加入配制材料 100g～1000g,检查能否置零。

组成材料配制计量装置的置零装置在工作时的锁住功能,结合 6.2.8 进行检定。

6.2.4 组成材料配制计量装置最小分度值的检定

根据组成材料配制计量装置最小分度值在组成材料配制计量装置计量仓内加入 1/10 最小分度值的砝码,并逐渐加入 2/10、3/10、4/10……20/10 最小分度值的砝码,检查示值是否按最小分度值进位。

6.2.5 组成材料配制计量装置示值相对误差(静态)的检定

6.2.5.1 将组成材料配制计量装置计量仓的有效容量按质量的 20%、40%、60%、80%、100%均匀分成 5 个测量点,在组成材料配制计量装置计量仓内加入标准砝码(超过 4t 的部分可用相应质量的集料代替),观察系统组成材料配制计量装置示值,重复进行三次,按公式(1)计算。

$$q_G = \frac{\overline{G_i} - G_i}{G_i} \times 100\% \tag{1}$$

式中:q_G——示值相对误差,%(FS);

G_i——标准砝码的质量,kg;

$\overline{G_i}$——组成材料配制计量装置的平均示值,kg。

6.2.5.2 组成材料配制计量装置以容量计量方式通过时间确定配制量的,先按说明书称取一定时间量的液体材料,用秒表测量在 30s 内的液体量,重复进行三次,按公式(2)计算。

$$q_t = \frac{t_i - \overline{t_i}}{\overline{t_i}} \times 100\% \tag{2}$$

式中：q_t——示值相对误差，%（FS）；

t_i——说明书规定的单位时间，s；

$\overline{t}_i$——秒表的平均时间，s。

6.2.6 组成材料配制计量装置偏载误差检定

静态时，按组成材料配制计量装置计量仓有效容量的 20%，分别在距边缘 1/4 ~ 1/3 长度的两个位置加载砝码，观察系统组成材料配制计量装置示值，重复进行三次，按公式(3)计算。

$$p = \frac{\overline{G}_i - G_i}{G_i} \times 100\% \tag{3}$$

式中：p——偏载误差，%；

G_i——标准砝码的质量，kg；

$\overline{G}_i$——组成材料配制计量装置的平均示值，kg。

6.2.7 组成材料配制计量装置计量仓有效容量检定

在进行 6.2.8 检定前，按 5.4 所规定的量，用称重仪称取相应检定用材料（沥青、水泥、水、砂、石子等），并加入相应的计量仓内，如能全部加入，则能满足 5.4 的规定。

6.2.8 组成材料配制计量装置最大允许预设值误差（动态）检定

6.2.8.1 根据配料仓容量，用称重仪称取相应量的搅拌材料（M_{i1}），并放入相应的配料仓内。

6.2.8.2 根据设定的配合比，计算出各配料仓的预设配料质量，进行配料质量预设。按沥青混合料或水泥混凝土搅拌设备使用说明书进行完整的从原料至成品料的搅拌过程。

6.2.8.3 用称重仪分别称取各配料仓剩余的配料质量（M_{i2}），按公式(4)计算出实际配料质量（M_i）。

$$M_i = M_{i1} - M_{i2} \tag{4}$$

6.2.8.4 以上步骤重复进行三次。

6.2.8.5 按公式(5)计算相应计量装置最大允许预设值误差（动态）。

$$\delta_i = \frac{M'_i - \overline{M}_i}{\overline{M}_i} \times 100\% \tag{5}$$

式中：δ_i——最大允许预设值误差，%（FS）；

$\overline{M}_i$——三次配料过程实际配料质量的平均值，kg；

M'_i——预设配料质量，kg。

6.2.8.6 在此过程中检查材料配制计量装置的置零装置在工作时的锁住功能。

6.2.9 温度参数控制计量装置检定

6.2.9.1 进行 6.2.8 检定前，在各温度参数控制计量点设置标准温度计。

6.2.9.2 在沥青混合料搅拌过程中分别检查温度参数控制计量装置的最小分度值以及温度参数控制计量装置显示时间和时间间隔。

6.2.9.3 在第二次搅拌试验中进行温度示值记录，按沥青混合料搅拌设备的温度显示间隔，在温度达到相应的工作温度后，分别记录温度参数控制计量装置的示值和标准温度计示值（间隔时间最短不低于 2min），记录三次。

6.2.9.4 按公式(6)～公式(7)计算温度参数控制计量装置的示值相对误差和最大波动值。

$$\Delta = \overline{T'}_i - \overline{T}_i \tag{6}$$

$$\theta = \overline{T'}_{imax} - \overline{T'}_{imin} \tag{7}$$

式中：Δ——示值相对误差,%(FS)；

θ——最大波动值,%(FS)；

$\overline{T}_i$——标准温度计的平均温度,℃；

$\overline{T'}_i$、$\overline{T'}_{imax}$、$\overline{T'}_{imin}$——温度参数控制计量装置相应显示的平均示值、最大示值、最小示值,℃。

6.3 检定结果处理

经检定合格的计量系统发给检定证书,检定证书内页格式见附录 C 和附录 D;检定不合格的计量系统发给检定结果通知书,并注明不合格项目。

6.4 检定周期

沥青混合料搅拌设备计量系统检定周期一般不超过 12 个月,水泥混凝土搅拌设备计量系统检定周期一般不超过 6 个月。

附录 A

检定记录表格式(一)

沥青混合料搅拌设备计量系统检定记录

（共 2 页第 1 页）

送检单位________ 型号规格________ 生产率________t/h 检定证号________

制造厂商________ 出厂编号________ 搅拌仓容量________kg 出厂日期________

环境温度________℃ 环境湿度________%RH 天气状况________ 风速________m/s 检定日期________

主标准器名称________ 编号________ 准确度________ 记录号________

计量装置基本情况					
名称		单位	测量范围	分度值	编号
组成材料配制计量装置	沥青计量装置	kg			
	集料 1 计量装置	kg			
	集料 2 计量装置	kg			
	集料 3 计量装置	kg			
	集料 4 计量装置	kg			
	粉料计量装置	kg			
	掺合剂计量装置	kg			
	外加剂计量装置	kg			
温度参数控制计量装置	沥青温度计量装置	℃			
	热集料出料温度计量装置	℃			
	成品料出料温度计量装置	℃			
	烟气温度计量装置	℃			

外观检定数据		
序号	项目	检定情况
1	铭牌	
2	隔振装置	
3	置零装置	

温度参数控制计量装置检定数据										
温度参数控制计量装置名称	标准温度计示值(℃)				计量装置示值(℃)				示值相对误差(%)	最大波动值(℃)
	1	2	3	平均	1	2	3	平均		
沥青温度计量装置										
热集料出料温度计量装置										
成品料出料温度计量装置										
烟气温度计量装置										
检定员					核验员					

沥青混合料搅拌设备计量系统检定记录

（共 2 页第 2 页）

送检单位＿＿＿＿＿＿＿＿ 型号规格＿＿＿＿ 生产率＿＿＿＿ t/h 检定证号＿＿＿＿

制造厂商＿＿＿＿＿＿＿＿ 出厂编号＿＿＿＿ 搅拌仓容量＿＿＿＿ kg 出厂日期＿＿＿＿

环境温度＿＿＿ ℃ 环境湿度＿＿＿ %RH 天气状况＿＿＿＿ 风速＿＿＿ m/s 检定日期＿＿＿＿

主标准器名称＿＿＿＿＿＿＿＿＿＿ 编号＿＿＿＿ 准确度＿＿＿＿ 记录号＿＿＿＿

组成材料配制计量装置示值相对误差（静态）检定数据

组成材料配制计量装置名称	有效容量（kg）	分度值（kg）	组成材料配制计量装置示值（kg）				示值相对误差（%）
			1	2	3	平均	
沥青计量装置							
集料 1 计量装置							
集料 2 计量装置							
集料 3 计量装置							
集料 4 计量装置							
粉料计量装置							
掺合剂计量装置							
外加剂计量装置							

组成材料配制计量装置偏载误差检定数据

组成材料配制计量装置名称	位置 1					位置 2				
	组成材料配制计量装置示值（kg）				偏载误差（%）	组成材料配制计量装置示值（kg）				偏载误差（%）
	1	2	3	平均		1	2	3	平均	
沥青计量装置										
集料 1 计量装置										
集料 2 计量装置										
集料 3 计量装置										
集料 4 计量装置										
粉料计量装置										
掺合剂计量装置										
外加剂计量装置										

组成材料配制计量装置最大允许预设值误差（动态）检定数据

组成材料配制计量装置名称	配料质量（kg）				动态显示（kg）				最大允许预设值误差（%）
	1	2	3	平均	1	2	3	平均	
沥青计量装置									
集料 1 计量装置									
集料 2 计量装置									
集料 3 计量装置									
集料 4 计量装置									
粉料计量装置									
掺合剂计量装置									
外加剂计量装置									
备注									
检定结论									
检定员					核验员				

附录 B

检定记录表格式(二)

水泥混凝土搅拌设备计量系统检定记录

（共 2 页第 1 页）

送检单位________ 型号规格________ 生产率______t/h 检定证号________

制造厂商________ 出厂编号________ 搅拌仓容量______kg 出厂日期________

环境温度______℃ 环境湿度______%RH 天气状况______ 风速______m/s 检定日期________

主标准器名称________ 编号________ 准确度________ 记录号________

计量装置基本情况									
名　称	水泥计量装置	水计量装置	集料 1 计量装置	集料 2 计量装置	集料 3 计量装置	集料 4 计量装置	粉料计量装置	掺合剂计量装置	外加剂计量装置
测量范围(kg)									
分度值(kg)									
编号									

外观检定数据		
序号	项目	检定情况
1	铭牌	
2	隔振装置	
3	置零装置	

组成材料配制计量装置示值相对误差(静态)检定数据							
名　称	有效容量(kg)	分度值(kg)	组成材料配制计量装置示值(kg)				示值相对误差(%)
			1	2	3	平均	
水泥计量装置							
水计量装置							
集料 1 计量装置							
集料 2 计量装置							
集料 3 计量装置							
集料 4 计量装置							
粉料计量装置							
掺合剂计量装置							
外加剂计量装置							

组成材料配制计量装置偏载误差检定数据										
组成材料配制计量装置名称	位置 1					位置 2				
	组成材料配制计量装置示值(kg)				偏载误差(%)	组成材料配制计量装置示值(kg)				偏载误差(%)
	1	2	3	平均		1	2	3	平均	
水泥计量装置										
水计量装置										
集料 1 计量装置										
集料 2 计量装置										
集料 3 计量装置										
集料 4 计量装置										
粉料计量装置										
掺合剂计量装置										
外加剂计量装置										

水泥混凝土搅拌设备计量系统检定记录

（共2页第2页）

送检单位________ 型号规格________ 生产率________t/h 检定证号________

制造厂商________ 出厂编号________ 搅拌仓容量________kg 出厂日期________

环境温度________℃ 环境湿度________%RH 天气状况________ 风速________m/s 检定日期________

主标准器名称________ 编号________ 准确度________ 记录号________

组成材料配制计量装置最大允许预设值误差（动态）检定数据									
组成材料配制计量装置名称	配料质量（kg）				动态显示（kg）				最大允许预设值误差（%）
	1	2	3	平均	1	2	3	平均	
水泥计量装置									
水计量装置									
集料1计量装置									
集料2计量装置									
集料3计量装置									
集料4计量装置									
粉料计量装置									
掺合剂计量装置									
外加剂计量装置									
备注									
检定结论									
检定员				核验员					

附录 C

沥青混合料搅拌设备计量系统检定证书(内页格式)

组成材料配制计量装置				
项　目	单位	示值相对误差（静态）	偏载误差	最大允许预设值误差（动态）
沥青计量装置	%			
集料 1 计量装置	%			
集料 2 计量装置	%			
集料 3 计量装置	%			
集料 4 计量装置	%			
粉料计量装置	%			
掺合剂计量装置	%			
外加剂计量装置	%			

温度参数控制计量装置			
项　目	单位	示值相对误差	最大波动值
沥青温度计量装置	℃		
热集料出料温度计量装置	℃		
成品料出料温度计量装置	℃		
烟气温度计量装置	℃		—

环境温度________℃　环境湿度________%RH　天气状况________　风速________m/s

备注

附录 D

水泥混凝土搅拌设备计量系统检定证书（内页格式）

组成材料配制计量装置				
项　　目	单位	示值相对误差（静态）	偏载误差	最大允许预设值误差（动态）
水泥计量装置	%			
水计量装置	%			
集料 1 计量装置	%			
集料 2 计量装置	%			
集料 3 计量装置	%			
集料 4 计量装置	%			
粉料计量装置	%			
掺合剂计量装置	%			
外加剂计量装置	%			
环境温度______℃　环境湿度________%RH　天气状况________　风速________m/s				
备注				

JJG

中华人民共和国交通部部门计量检定规程

JJG(交通) 072—2006

燃烧法沥青含量测试仪

Testing apparatus for asphalt content by burning method

2006-12-19 发布

2007-03-01 实施

中华人民共和国交通部 发布

燃烧法沥青含量测试仪

1 范围

本规程适用于燃烧法沥青含量测试仪（以下简称沥青含量测试仪）的首次检定、后续检定和使用中的检验。

2 引用文献

JT/T 671—2006 燃烧法沥青含量测试仪

JTJ 052—2000 公路工程沥青及沥青混合料试验规程

使用本规程时，应注意使用上述引用文献的现行有效版本。

3 概述

沥青含量测试仪是按照 JT/T 671—2006 制造，用于测定热拌沥青混合料中的沥青含量的试验仪器。

沥青含量测试仪按电子天平的安装位置分为内置式和外置式。内置式的沥青含量测试仪，电子天平安装在燃烧室的下部，炉内托盘通过支撑瓷柱作用在电子天平上。外置式的沥青含量测试仪，电子天平安装在外壳的上部，试样篮通过挂钩作用在电子天平上。

沥青含量测试仪的结构（以电子天平内置式的为例），如图 1、图 2 所示，主要由燃烧室、

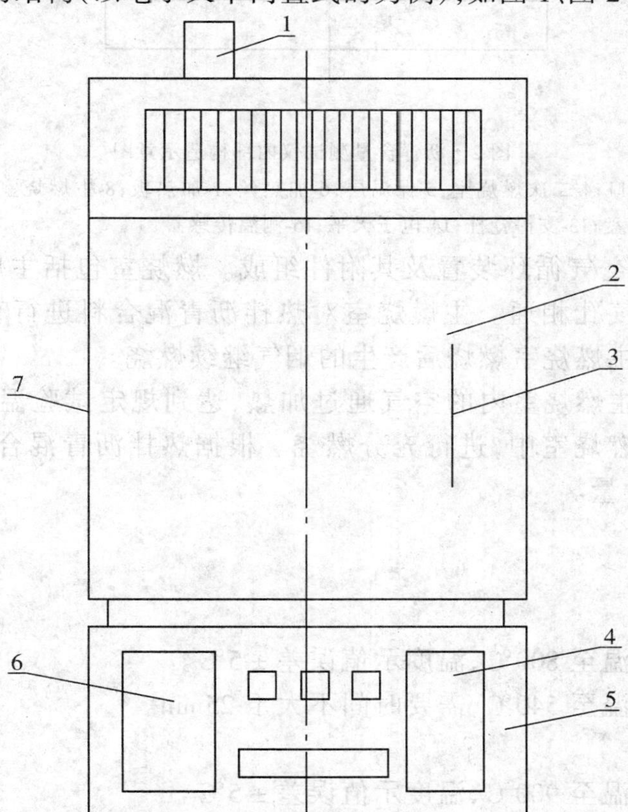

图 1 沥青含量测试仪外部示意图

1-烟囱接口；2-燃烧室门；3-锁紧手柄；4-微型打印机；5-控制面板；6-显示窗口；7-外壳

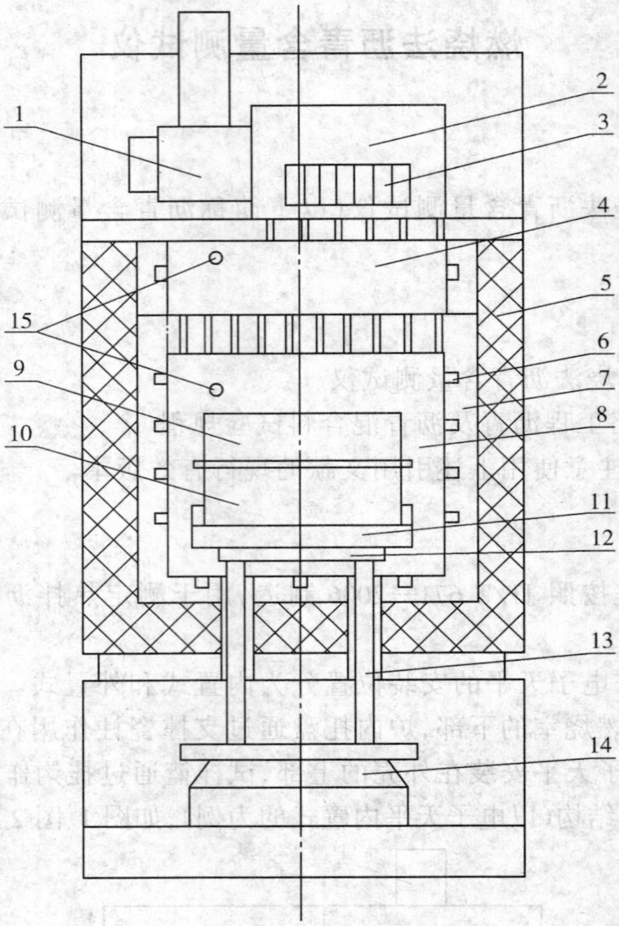

图2　沥青含量测试仪内部构造示意图

1-鼓风机；2-换气室；3-进风口；4-二次燃烧室；5-保温层；6-加热丝；7-加热板；8-主燃烧室；9-试样篮（上）；10-试样篮（下）；11-收集盘；12-炉内托盘；13-支撑瓷柱；14-电子天平；15-测温传感器

称重装置、控制装置、空气循环装置及其附件组成。燃烧室包括主燃烧室和二次燃烧室，两个燃烧室之间有通气孔相通。主燃烧室对热拌沥青混合料进行直接燃烧，二次燃烧室对热拌沥青混合料在主燃烧室燃烧后产生的烟气继续燃烧。

沥青含量测试仪主燃烧室内的空气通过加热，达到规定试验温度（如540℃）后，将热拌沥青混合料放入主燃烧室中，进行充分燃烧。根据热拌沥青混合料燃烧前与燃烧后的质量之差，计算沥青含量。

4　计量性能要求

4.1　主燃烧室

4.1.1　控温范围：室温至800℃，温度示值误差±5℃。

4.1.2　升温时间：室温至540℃，需要时间不大于25min。

4.2　二次燃烧室

4.2.1　控温范围：室温至900℃，温度示值误差±5℃。

4.2.2　升温时间：室温至900℃，需要时间不大于25min。

4.3　电子天平

质量称重示值误差：±0.05g 。

5 通用技术要求

5.1 外观质量

5.1.1 外观应光洁、无缺损。表面漆层应光滑、均匀；表面电镀层不得有漏镀等缺陷。

5.1.2 外壳明显位置应有清晰的标牌和标志。标牌内容包括产品型号规格、产品名称、生产企业名称、出厂编号和制造日期等。标志内容包括使用编号、最近一次的检定日期等。

5.1.3 燃烧室门应启、闭灵活，密闭性能良好，锁紧可靠。

5.1.4 机械部分运转正常，无异常噪音。

5.2 试样篮和收集盘

5.2.1 试样篮

试样篮包括试样篮（上）和试样篮（下），不锈钢制作。试样篮（上）可以套在试样篮（下）的上部。试样篮尺寸见图 3。

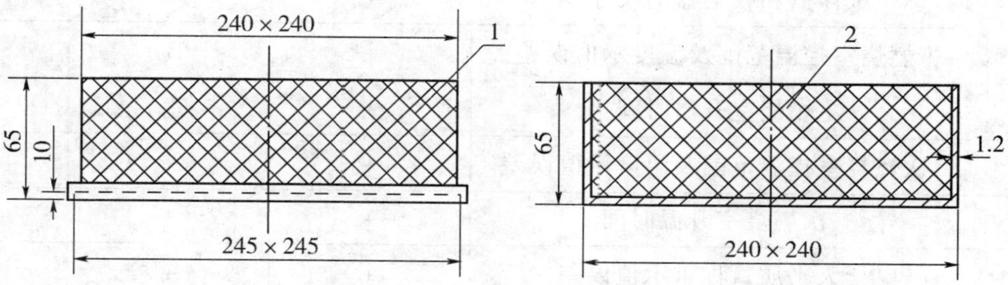

图 3 试样篮（尺寸单位：mm）

1-试样篮（上）；2-试样篮（下）

5.2.2 收集盘：不锈钢制作。收集盘尺寸见图 4。

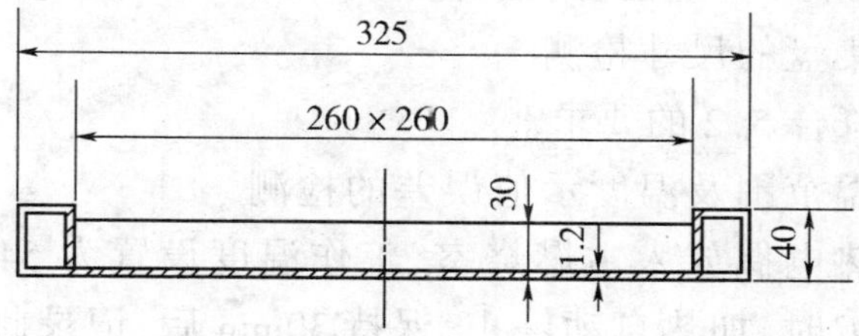

图 4 收集盘（尺寸单位：mm）

6 计量器具控制

6.1 检定条件

6.1.1 环境条件

a） 环境温度：10℃～40℃；

b） 环境湿度：不大于 85％ 。

6.1.2 检定器具包括：

a） 铂铑 10-铂热电偶：50℃～1 000℃，配数字表：分度 0.5℃；

b） 电子秒表：分度 0.01s；

c） 标准砝码：标准值：100g、1 000g、3 000g 各一个，均为 F1 级；

d） 钢直尺：0mm ~ 500mm，分度 1mm；

e） 框式水平仪：250mm × 250mm，分度值 0.02mm，准确度等级：2 级。

6.1.3 水平校准

以炉内托盘为基准面，用框式水平仪校准沥青含量测试仪的水平。

6.2 检定项目及检定方法

6.2.1 检定项目

检定项目见表 1，检定记录格式见附录 A。

表 1 检定项目表

序号	检定项目	首次检定	后续检定	使用中检验
1	外观质量	+	+	−
2	试样篮和收集盘的尺寸	+	+	−
3	主燃烧室控温范围及温度示值误差	+	+	+
4	主燃烧室升温时间	+	+	+
5	二次燃烧室控温范围及温度示值误差	+	+	+
6	二次燃烧室升温时间	+	+	+
7	电子天平质量称重示值误差	+	+	+

注："+"表示需要检定，"−"表示不需要检定。

6.2.2 检定方法

6.2.2.1 外观质量检查

用目测和手感进行外观质量检查，应符合 5.1 的要求。

6.2.2.2 试样篮和收集盘的尺寸检测

用钢直尺检测，应符合 5.2 的要求。

6.2.2.3 主燃烧室控温范围及温度示值误差的检测

——将铂铑 10-铂热电偶放入主燃烧室，工作温度设置为 540℃，启动加热按钮，待主燃烧室的温度达到 540℃时，加热自动停止，保持 30min 后，记录此时铂铑 10-铂热电偶的温度标准值和沥青含量测试仪的温度显示示值，标准值和显示示值之差，即为主燃烧室的温度示值误差，应满足 540℃ ± 5℃；

——设置主燃烧室的工作温度为 800℃，继续加热，观察主燃烧室工作温度是否可达到 800℃，温度示值误差应满足 800℃ ± 5℃。

6.2.2.4 主燃烧室升温时间的检测

打开燃烧室门，取出铂铑 10-铂热电偶，待主燃烧室内温度降至室温时，锁紧燃烧室门，设置主燃烧室的工作温度为 540℃，启动加热按钮，同时启动电子秒表，检测主燃烧室由室温加热至 540℃时所需的时间，应满足 4.1.2 的要求。

6.2.2.5 二次燃烧室控温范围、温度示值误差及升温时间的检测二次燃烧室工作温度设置为900℃，将铂铑10-铂热电偶放入二次燃烧室，启动加热按钮，同时启动电子秒表，待二次燃烧室内工作温度达到900℃时，检测升温时间，应符合4.2.2的要求；保持20min，然后检测二次燃烧室的控温范围及温度示值误差，应符合4.2.1的要求。

6.2.2.6 电子天平质量称重示值误差的检测

用标准值为100g、1 000g、3 000g的标准砝码分别对电子天平进行校验，记录电子天平显示的示值，标准砝码的标准值与电子天平显示示值之差即为电子天平质量称重示值误差，应符合4.3的要求。

6.3 检定结果和检定周期

6.3.1 经检定合格的沥青含量测试仪出具检定证书；不合格的出具检定结果通知书，并注明不合格项目。检定证书背面格式见附录B。

6.3.2 沥青含量测试仪的检定周期一般为一年。但在使用过程中对测试结果产生怀疑时，可以进行相应项目的使用中检验，若检验不合格，应提前进行检定。

附录 A　检定记录格式

燃烧法沥青含量测试仪检定记录表

受检单位		仪器型号		出厂日期	
生产厂名		出厂编号		使用编号	
环境温度		环境湿度		上次检定时间	

序号	检 定 项 目	单位	检 定 记 录	备注
1	外观质量			
2	试样篮和收集盘的尺寸	mm		
3	主燃烧室控温范围及温度示值误差	℃		
4	主燃烧室升温时间（540℃时）	min		
5	二次燃烧室控温范围及温度示值误差	℃		
6	二次燃烧室升温时间（900℃时）	min		
7	电子天平质量称重示值误差	g		

检定员：　　　　核验员：　　　　检定时间：　　　　检定地点：

附录 B　检定证书背面格式

主要项目检定结果

序号	检 定 项 目	单位	检 定 结 果
1	外观质量		
2	试样篮和收集盘的尺寸	mm	
3	主燃烧室控温范围及温度示值误差	℃	
4	主燃烧室升温时间(540℃时)	min	
5	二次燃烧室控温范围及温度示值误差	℃	
6	二次燃烧室升温时间(900℃时)	min	
7	电子天平质量称重示值误差	g	

技术主管：　　　　　　　　核验员：　　　　　　　　检定员：

公路工程现行标准、规范、规程、指南一览表

序号	类别		编号	名称	定价
1	基础		JTJ 002—87	公路工程名词术语	22.00
2			JTJ 003—86	公路自然区划标准	16.00
3			JTJ/T 0901—98	1：1000000 数字交通图分类与图示规范	78.00
4			JTG B01—2003	公路工程技术标准	28.00
5			JTJ 004—89	公路工程抗震设计规范	15.00
6			JTG/T B02-01—2008	公路桥梁抗震设计细则	35.00
7			JTG B03—2006	公路建设项目环境影响评价规范	26.00
8			JTJ/T 006—98	公路环境保护设计规范	8.00
9			JTG/T B05—2004	公路项目安全性评价指南	18.00
10			JTG B06—2007	公路工程基本建设项目概算预算编制办法	26.00
11			JTG/T B06-01—2007	公路工程概算定额	110.00
12			JTG/T B06-02—2007	公路工程预算定额	138.00
13			JTG/T B06-03—2007	公路工程机械台班费用定额	24.00
14			JTG/T B07-1—2006	公路工程混凝土结构防腐蚀技术规范	16.00
15			交通部 2007 年第 30 号	国家高速公路网相关标志更换工作实施技术指南	58.00
16			交通部 2007 年第 35 号	收费公路联网收费技术要求	62.00
17	勘测		JTG C10—2007	公路勘测规范	28.00
18			JTG/T C10—2007	公路勘测细则	42.00
19			JTJ 064—98	公路工程地质勘察规范	28.00
20			JTG/T C21-01—2005	公路工程地质遥感勘察规范	17.00
21			JTG C30—2003	公路工程水文勘测设计规范	22.00
21	设计	公路	JTG D20—2006	公路路线设计规范	38.00
23			JTG D30—2004	公路路基设计规范	38.00
24			JTG/T D31—2008	沙漠地区公路设计与施工指南	32.00
25			JTG D40—2003	公路水泥混凝土路面设计规范	26.00
26			JTG D50—2006	公路沥青路面设计规范	36.00
27			JTJ 018—96	公路排水设计规范	12.00
28			JTJ/T 019—98	公路土工合成材料应用技术规范	12.00
29		桥隧	JTG D60—2004	公路桥涵设计通用规范	24.00
30			JTG/T D60-01—2004	公路桥梁抗风设计规范	28.00
31			JTG/T D65-04—2007	公路涵洞设计细则	26.00
32			JTG D61—2005	公路圬工桥涵设计规范	19.00
33			JTG D62—2004	公路钢筋混凝土及预应力混凝土桥涵设计规范	48.00
34			JTG D63—2007	公路桥涵地基与基础设计规范	48.00
35			JTJ 025—86	公路桥涵钢结构及木结构设计规范	16.00
36			JTG/T D65-01—2007	公路斜拉桥设计细则	28.00
37			JTG D70—2004	公路隧道设计规范	50.00
38			JTJ 026.1—1999	公路隧道通风照明设计规范	16.00
39			JTG/T D71—2004	公路隧道交通工程设计规范	26.00
40		交通	JTG D80—2006	高速公路交通工程及沿线设施设计通用规范	25.00
41			JTG D81—2006	公路交通安全设施设计规范	25.00
42			JTG/T D81—2006	公路交通安全设施设计细则	35.00
43		综合	交公路发〔2007〕358 号	公路工程基本建设项目设计文件编制办法	26.00
44			交公路发〔2007〕358 号	公路工程基本建设项目设计文件图表示例	600.00

续上表

序号	类别		编号	名称	定价
45	检测		JTG E40—2007	公路土工试验规程	79.00
46			JTJ 052—2000	公路工程沥青及沥青混合料试验规程	40.00
47			JTG E30—2005	公路工程水泥及水泥混凝土试验规程	32.00
48			JTG E41—2005	公路工程岩石试验规程	18.00
49			JTJ 056—84	公路工程水质分析操作规程	8.00
50			JTJ 057—94	公路工程无机结合料稳定材料试验规程	10.00
51			JTG E42—2005	公路工程集料试验规程	30.00
52			JTG E50—2006	公路土工合成材料试验规程	28.00
53			JTG E60—2008	公路路基路面现场测试规程	38.00
54	施工	公路	JTG F10—2006	公路路基施工技术规范	40.00
55			JTJ 034—2000	公路路面基层施工技术规范	16.00
56			JTG F30—2003	公路水泥混凝土路面施工技术规范	46.00
57			JTJ 037.1—2000	公路水泥混凝土路面滑模施工技术规程	16.00
58			JTG F40—2004	公路沥青路面施工技术规范	38.00
59			JTG F41—2008	公路沥青路面再生技术规范	25.00
60		桥隧	JTJ 041—2000	公路桥涵施工技术规范	52.00
61			JTG/T F81-01—2004	公路工程基桩动测技术规程	17.00
62			JTJ 042—94	公路隧道施工技术规范	20.00
63		交通	JTG F71—2006	公路交通安全设施施工技术规范	20.00
64			JTG/T F83-01—2004	高速公路护栏安全性能评价标准	15.00
65	质检安全		JTG F80/1—2004	公路工程质量检验评定标准　第一册　(土建工程)	46.00
66			JTG F80/2—2004	公路工程质量检验评定标准　第二册　(机电工程)	26.00
67			JTG G10—2006	公路工程施工监理规范	20.00
68			JTJ 076—95	公路工程施工安全技术规程	12.00
69	养护管理		JTJ 073—96	公路养护技术规范	26.00
70			JTJ 073.1—2001	公路水泥混凝土路面养护技术规范	12.00
71			JTJ 073.2—2001	公路沥青路面养护技术规范	13.00
72			JTG H11—2004	公路桥涵养护规范	30.00
73			JTG H12—2003	公路隧道养护技术规范	26.00
74			JTG H20—2007	公路技术状况评定标准	15.00
75			JTG H30—2004	公路养护安全作业规程	36.00
76	加固设计与施工		JTG/T J22—2008	公路桥梁加固设计规范	52.00
77			JTG/T J23—2008	公路桥梁加固施工技术规范	30.00
1	技术指南		中建标公路[2002]1号	公路沥青玛蹄脂碎石路面技术指南	16.00
2			交公便字[2005]330号	公路机电系统维护技术指南	30.00
3			交公便字[2006]02号	公路工程水泥混凝土外加剂与掺合料应用技术指南	50.00
4			交公便字[2005]329号	微表处和稀浆封层技术指南	18.00
5			交公便字[2005]329号	公路冲击碾压应用技术指南	15.00
6			交公便字[2006]02号	公路工程抗冻设计与施工技术指南	26.00
7			厅公路字[2006]418号	公路安全保障工程实施技术指南	40.00
8			交公便字[2006]02号	公路土钉支护技术指南	22.00
9			交公便字[2006]274号	公路钢箱梁桥面铺装设计与施工技术指南	25.00
10			交公便字[2006]243号	盐渍土地区公路设计与施工指南	20.00
11				横张预应力混凝土桥梁设计施工指南	15.00
12			2008年第25号公告	汶川地震灾后公路恢复重建技术指南	10.00

注:JTG——公路工程行业标准体系;JTG/T——公路工程行业推荐性标准体系;JTJ——仍在执行的公路工程原行业标准体系。